날로 먹는 중국어
관용어편

책을 펴내며

중국인 자빠뜨리기 대 프로젝트!

관용어는 일상생활에서 보편적으로 사용하는 대중화된 구어이다. 관용어는 은유적·과장적 성격이 강해서 중국인들과 소통하는 데 있어서 일상어를 사용했을 때보다 짧지만 더 적절하고 내포하고 있는 뜻이 깊고 함축성 있기 때문에 짧은 몇 마디로도 더 정확하고 풍부한 의미를 전달할 수 있게 된다. 상상해 보라. 외국인이 내게 '옷이 잘 어울린다'라고 하지 않고 '역시 옷이 날개야'라고 말한다면, '믿지 마'라고 하지 않고 '열 길 물속은 알아도 한 길 사람 속은 모른다'라고 한다면 우리가 받는 느낌은 어떠할지. 우리는 아마 그의 절정에 달하는 회화 실력에 뒷목잡고 넘어갈 지경이 될 것이다.

이제부터 중국인이 뒷목잡고 쓰러지는 즐거운 상상을 하며, 같은 말이라도 더 맛깔 나는 관용어 학습, 일명 '중국인 자빠뜨리기 대 프로젝트'가 시작된다.!!!

중급에서 고급으로 넘어가는 단계에서 관용어학습은 필수!

중국어를 어느 정도 배우고 나면 많은 학습자들은 영화나 드라마를 통해 자신의 실력이 어느 정도인지를 가늠하고 싶어한다. 필자는 드라마를 통해 학습을 하는 방법이 매우 효율적이라고 생각한다. 드라마에서 나오는 말은 중국인이 사용하는 진짜 중국어이기 때문이다. 그러나 드라마를 보다 보면 쭉 이어지지 않고 중간중간 못 알아들어서 끊기는 부분이 많이 있을 것이다. 바로 관용어, 속담, 성어, 헐후어, 인터넷 용어, 신조어에 이르기까지 많은 영역의 언어들이 쏟아져 나오기 때문이다.

그리고 HSK 4급 이상 특히 5급, 6급에서는 실제로 많은 관용어와 성어, 헐후어, 속담 등이 문장 곳곳에서 속출하고 있다. 중급에서 고급으로 넘어가는 단계라면, 고급 HSK의 자격증을 취득하고 싶다면, 중국어를 보다 즐겁게 습득하고 싶다면, 바로 지금이 관용어 학습으로 실력을 업데이트할 때이다.

짧고 쉬운 예문으로 바로 이해하고 바로 활용!

이 교재에서는 관용어, 속담, 성어, 헐후어, 인터넷 용어, 신조어를 다루고 있다. 사실 모든 것을 다 다루자면 책의 분량이 너무 많아서 학습자가 다소 부담스러울 수 있기에 자주 쓰이는 표현으로 내용을 축소화하였다.

그리고 어떤 상황에 쓰이는지 정확한 뜻을 익힐 수 있게 하기 위해 다양한 관용어가 들어간 대화문을 상황으로 제시하여 배운 내용을 바로 실제 대화에 적용할 수 있도록 하였다.

한 번 보면 빠져나올 수 없는 늪 강의!

겉으로 드러난 뜻과 완전히 다른 뜻을 속에 품은 '관용어'는 만약 바로 직역을 하거나 무턱대고 암기를 한다면 그 암기가 쉽지 않을 수 있다. 이에 동영상 강의를 통해 쉽게 암기하는 방법을 제시하고, 설명을 통하여 이해를 돕도록 구성하였다. 또 반복적으로 들을 수 있게 하여 듣기실력을 키울 수 있도록 하였고, 쉐도잉 할 수 있도록 하였다.

이 책 100% 활용하기

뇌가 섹시해지는 저자 직강 무료 인터넷 강의가 있다!

유쾌! 통쾌! 상쾌! 한 김미숙 교수님의
저절로 외워지는 신개념 학습 인터넷 강의!

YouTube	NAVER
날로 먹는 중국어 관용어편 김미숙의 롱차이나 중국어	날로 먹는 중국어 관용어편 김미숙의 롱차이나 중국어

유튜브(www.youtube.com)에 접속하여 "김미숙의 롱차이나 중국어"를 검색한다.

네이버(www.naver.com)에 접속하여 "김미숙의 롱차이나 중국어"를 검색하여 '롱차이나 중국어' 카페에 접속한다.

目录 mùlù

책을 펴내며
이 책의 100% 활용법

马

拍马屁 아부하다	17
放马后炮 뒷북치다	18
一言既出，驷马难追 한 번 내뱉은 말은 되돌릴 수가 없다	19
老马识途 경험이 많으면 그 일에 능숙하다	20
马到成功 손쉽게 성공하다	21
马不停蹄 논스톱	22
走马看花 대충대충 보고 지나가다	23
路遥知马力，日久见人心 사람은 겪어봐야 안다	24
马马虎虎 건성으로 하다	25
好马不吃回头草 지난 일에 연연해 하지 않다	26
人靠衣裳马靠鞍 옷이 날개다	27
塞翁失马 새옹지마	28
车水马龙 차들이 꼬리에 꼬리를 물다	29
千军万马 천군만마	30
青梅竹马 소꿉친구	31
打马虎眼 얼렁뚱땅 넘어가려고 하다	32
牛头不对马嘴 동문서답	33
马大哈 덜렁이	34

牛 羊 虎 狼 狐

吹牛 허풍 치다	37
杀鸡焉用牛刀 닭 잡는 데 어찌 소 잡는 칼을 쓰랴	38
对牛弹琴 소귀에 경 읽기	39
乱弹琴 제멋대로야	40
初生牛犊不怕虎 하룻강아지 범 무서운 줄 모른다	41
钻牛角尖 사소한 문제에 집착하다	42
手痒痒 손이 근질근질	43
亡羊补牢 소 잃고 외양간 고치다	44
挂羊头，卖狗肉 겉만 훌륭하고 속은 변변치 않다	45
替罪羊 희생양	46
骑虎难下 빼도 박도 못하다	47
狼吞虎咽 허겁지겁 먹다	48

차례

前怕狼, 后怕虎
구더기 무서워 장 못 담그다   49

画虎画皮难画骨
열 길 물속은 알아도 한 길 사람 속은 모른다
   50

知人知面不知心
열 길 물속은 알아도 한 길 사람 속은 모른다
   51

纸老虎 종이호랑이   52

母老虎 드센 여자   53

狐狸精 불여우   54

鸡蛋里挑骨头
억지로 남의 흠을 들추어 내다   65

挑剔 까다롭다   66

没的挑 흠잡을 데가 없다   67

爱屋及乌
아내가 사랑스러우면 처갓집 말뚝에다 절을 한다   68

放鸽子 바람맞히다   69

炒鱿鱼 해고하다   70

三天打鱼, 两天晒网 작심삼일   71

鸡乌鸽鱼

鸡毛蒜皮 사소한 일   57

杀鸡取卵 눈앞의 이익만 좇다   58

杀鸡给猴看 일벌백계하다   59

以卵投石 계란으로 바위를 치다   60

铁公鸡 구두쇠   61

一毛不拔 인색하다   62

抠门儿 인색하다   63

起鸡皮疙瘩 닭살 돋다   64

人身心

金无足赤, 人无完人
누구에게나 단점은 있다   75

里外不是人
여기저기서 다 욕을 먹다   76

过来人 경험자   77

身体是革命的本钱
건강이 재산이다   78

身在福中不知福 호강에 겹다   79

言传身教 말과 행동으로 가르치다   80

身不由己 자신도 어찌할 수 없다   81

目录 mùlù

别往心里去 마음에 두지 마	82
好心办坏事 좋은 의도로 한일이 오히려 나쁜 결과를 낳다	83
同心协力 한마음 한뜻으로 힘을 합치다	84
问心无愧 양심에 거리낌이 없다	85
闷闷不乐 시무룩하다	86

脸色 안색	100
看…脸色 눈치를 보다	101
愁眉苦脸 우거지상	102
有头有脸 지위와 신분이 있다	103
娃娃脸 동안	104
没面子 체면이 깎이다	105
爱面子 체면을 중시하다	106

脑 头 脸 面

没头没脑 생각이 없다	89
猪脑子 멍청이	90
伤脑筋 골머리를 앓다	91
头都大了 머리가 터질 것 같다	92
忘到脑后头 완전히 잊어버리다	93
换脑筋 사고방식을 고치다	94
抓辫子 꼬투리를 잡다	95
厚脸皮 뻔뻔하다	96
丢脸 쪽 팔려	97
没脸 염치가 없다	98
翻脸 태도를 싹 바꾸다	99

眼 耳 鼻 嘴 口

眼不见, 心不烦 눈으로 안 보면 속 편해	109
睁一只眼, 闭一只眼 눈 감아 주다	110
眼睛是心灵的窗户 눈은 마음의 창	111
熊猫眼 다크서클	112
红眼病 질투 병	113
情人眼里出西施 콩깍지가 씌이다	114
一见钟情 첫눈에 반하다	115
百闻不如一见 백문이 불여일견이다	116

차례

见外 남처럼 대하다   117
有眼光 안목이 있다   118
瞎了眼 안목이 없다   119
不起眼儿 눈에 띄지 않다   120
眼高手低 눈은 높고 솜씨는 서툴다   121
有鼻子有眼儿 실감 나네   122
目不识丁 까막눈   123
刮目相看 다시 보다   124
鼻子不是鼻子, 脸不是脸 화를 내다   125
隔墙有耳 낮말은 새가 듣고 밤말은 쥐가 듣는다   126
早有耳闻 일찍부터 들어 알고 있다   127
刀子嘴, 豆腐心 말은 그렇게 해도 맘은 착해   128
狗嘴里吐不出象牙 개 입에서는 개소리 밖에 안 나와   129
顶嘴 말대답하다   130
乌鸦嘴 입방정   131
口是心非 겉 다르고 속 다르다   132
口口声声 입만 열면   133
一口咬定 단언하다   134

合胃口 입맛에 맞다   135
倒胃口 식상하다   136
吊胃口 구미 당기다   137
有口福 먹을 복이 있다   138

手脚肚肠

大手大脚 씀씀이가 헤프다   141
露一手 솜씨를 보여주다   142
白手起家 자수성가하다   143
一个巴掌拍不响 손뼉도 마주쳐야 소리가 난다   144
插手 끼어들다   145
脚踏两只船 양다리 걸치다   146
临时抱佛脚 급하면 부처를 찾는다   147
拖后腿 못하게 가로막다   148
绊脚石 걸림돌   149
我肚子里的蛔虫 나를 훤히 잘 안다   150
心知肚明 잘 알고있다   151

目录 mùlù

直肠子 솔직한 사람	152
热心肠 마음이 따듯한 사람	153
硬骨头 의지가 굳고 강직한 사람	154

话 说 唱

废话 쓸데없는 말	157
说风凉话 비아냥거리다	158
说梦话 잠꼬대를 하다	159
别做梦了 꿈 깨	160
说实话 솔직히 말하면	161
实话实说 사실대로 말하다	162
话不投机半句多 견해가 다르면 서로 이야기할 수 없다	163
公说公有理，婆说婆有理 각자 자기의 주장이 옳다고 주장한다	164
丑话说在前头 툭 터놓고 말하면	165
三句话不离本行 직업은 못 속여	166
胡说八道 헛소리를 하다	167
说一套，做一套 말과 행동이 다르다	168
说到做到 한 말은 꼭 지킨다	169
说话不算数 말만 하고 지키지 않는다	170
说了算 결정권을 가지다	171
说来话长 말하자면 길다	172
话说回来 다시 말해서	173
二话没说 두말하지 않다	174
好说歹说 입이 닳도록 설득하다	175
说不到一块儿 말이 통하지 않다	176
说曹操，曹操到 호랑이도 제 말하면 온다	177
说得比唱得还好听 입만 살아가지고	178
唱高调 말만 번지르르하다	179

恋 爱 亲

谈恋爱 연애하다	183
初恋 첫사랑	184
早恋 풋사랑	185

姐弟恋 연상연하 커플	186
黄昏恋 황혼 연애	187
单相思 짝사랑	188
相亲 맞선을 보다	189
找对象 배우자를 찾다	190
远亲不如近邻 먼 친척보다 가까운 이웃이 더 낫다	191
亲兄弟，明算账 친형제 간에도 계산은 분명해야 한다	192
打是亲，骂是爱 때리는 것도 꾸짖는 것도 모두 사랑하기 때문이다	193

吃饭菜酒

人是铁，饭是钢 사람은 밥심으로 사는 거야	197
没有免费的午餐 세상에 공짜는 없다	198
吃大锅饭 같은 보수를 받다	199
铁饭碗 철밥통	200
白吃饭 일하지 않고 공짜 밥만 먹는다	201

家常便饭 다반사	202
吃醋 질투하다	203
吃错药 뭐 잘못 먹었니?	204
不可救药 구제불능	205
吃不了，兜着走 문제가 생기면 끝까지 책임져야 한다	206
吃一堑，长一智 아픔만큼 성숙해진다	207
软硬不吃 얼러도 안 듣고 때려고 안 듣는다	208
吃哑巴亏 말 못할 손해를 입다	209
吃闭门羹 문전박대를 당하다	210
小菜一碟 식은 죽 먹기	211
一锅粥 엉망진창	212
挑食 편식하다	213
耍酒疯 꼬장 부리다	214
僧多粥少 사람은 많지만 나누어 줄 것은 적다	215
吃鸭蛋 빵점 받다	216
饭来张口，衣来伸手 손 하나 까딱 않고 남이 해주기만 기다린다	217

目录 mùlù

心急吃不了热豆腐
서두르면 일을 그르친다　218

生米煮成熟饭　엎질러진 물　219

酒逢知己千杯少
술은 지기를 만나 마시면
천 잔으로도 모자란다　220

不醉不归
코가 삐뚤어지게 마시자　221

醉翁之意不在酒
본심은 다른 곳에 있다　222

货 价 钱 富 鬼

物美价廉
물건이 좋고 값도 싸다　225

便宜没好货　싼 게 비지떡　226

好货不便宜　싼 게 비지떡　227

一分钱一分货　싼 게 비지떡　228

砍价　에누리하다　229

讨价还价　흥정하다　230

上当　속다　231

受骗　속다　232

摇钱树　돈줄　233

掏腰包　돈을 내다　234

破费　돈을 쓰다　235

血汗钱　피땀 흘려 번 돈　236

AA制　더치페이　237

富二代　금수저　238

高富帅　킹카　239

白富美
피부 하얗고 돈 많고 예쁜 여자　240

拜金女　된장녀　241

见钱眼开　돈에 눈이 뒤집히다　242

钱不是万能的
돈이 만능은 아니다　243

但没钱是万万不行的
그러나 돈이 없으면 절대로 안 돼　244

有钱能使鬼推磨
돈만 있으면 귀신도 부릴 수 있다　245

鬼晓得　아무도 몰라　246

鬼点子　나쁜 꾀　247

出点子　방법을 찾다　248

人不知，鬼不觉　쥐도 새도 모르게　249

차례

天 地 山 风 阳 水

天知地知你知我知
우리 둘만 아는 비밀이야   253

天不怕地不怕 무서운 게 없다   254

胆大包天 간덩이가 붓다   255

人生地不熟 모든 것이 낯설다   256

比登天还难 하늘의 별 따기   257

人外有人，天外有天
뛰는 놈 위에 나는 놈 있다   258

天上不会掉馅饼
세상에 공짜는 없다   259

可怜天下父母心 부모가 하는 모든 것은
자식들을 위해서 하는 것이다   260

满天飞 사방에 퍼지다   261

车到山前必有路
하늘이 무너져도 솟아날 구멍은 있다   262

江山易改，本性难移
제 버릇 개 못 준다   263

压力山大
스트레스가 산처럼 쌓이다   264

到什么山唱什么歌
실제 상황에 맞춰 일을 처리하다   265

有眼不识泰山
(대단한) 사람을 몰라보다   266

这山望着那山高
남의 떡이 더 커 보인다   267

当耳旁风 귓등으로 듣다   268

无风不起浪
아니 땐 굴뚝에 연기 나랴   269

喝西北风 입에 거미줄 치다   270

太阳从西边出来了
해가 서쪽에서 떴다   271

泼冷水 찬물을 끼얹다   272

打水漂儿 물거품이 되다   273

一碗水端平 공평하다   274

路 走 门 台 鞋 帽

走弯路 시행착오가 있다   277

走下坡路 내리막길을 걷다   278

留后路 빠져 나갈 길을 마련해 두다   279

小道儿消息 주워들은 소식   280

半途而废 중도에 포기하다   281

走着瞧 어디 두고 보자   282

目录 mùlù

班门弄斧 번데기 앞에서 주름 잡다	283
门外汉 문외한	284
有门儿 가망이 있다	285
走后门 뒷거래를 하다	286
走过场 겉치레를 하다	287
台上三分钟，台下十年功 무대 위에서 3분은 무대 아래서 10년의 노력이다	288
有后台 백이 있다	289
穿小鞋 괴롭히다	290
光脚的不怕穿鞋的 아무것도 가진 것이 없는 사람은 두려울 게 없다	291
穿新鞋，走老路 형식이나 현상은 변하였으나, 내용이나 실질은 변하지 않다	292
舍不得孩子套不住狼 신발이 닳는 것을 아까워한다면 늑대를 잡을 수 없다	293
扣帽子 죄를 덮어씌우다	294
摘帽子 오명을 벗다	295
戴高帽子 비행기를 태우다	296
戴绿帽子 아내가 바람피우다	297

数字

半斤八两 도토리 키재기	301
女大十八变 여자는 자라면서 모습이 여러 번 바뀐다	302
此地无银三百两 눈 가리고 아웅 하다	303
八字还没一撇 아직 어찌 될지 몰라	304
不管三七二十一 다짜고짜	305
不怕一万，就怕万一 만에 하나	306
不怕慢，就怕站 느린 것은 괜찮으나, 멈추는 것이 두렵다	307
一针见血 정곡을 찌르다	308
八竿子打不着 서로 아무런 관계가 없다	309
十有八九 십중팔구	310
小九九(儿) 속셈	311
十万八千里 차이가 아주 크다	312
丢三落四 이것저것 빠뜨리다	313
二把刀 엉터리	314
二百五 멍텅구리	315

날로먹는중국어_관용어편

马

拍马屁	17
放马后炮	18
一言既出, 驷马难追	19
老马识途	20
马到成功	21
马不停蹄	22
走马看花	23
路遥知马力, 日久见人心	24
马马虎虎	25
好马不吃回头草	26
人靠衣裳马靠鞍	27
塞翁失马	28
车水马龙	29
千军万马	30
青梅竹马	31
打马虎眼	32
牛头不对马嘴	33
马大哈	34

你对自己的汉语要有信心!

날로먹는중국어_관용어편

아부하다
拍马屁
pāi mǎ pì

拍马屁 >> 남의 비위를 맞추다. 알랑거리다.

我最讨厌拍马屁的人。

나는 아부하는 사람을 제일 싫어한다.

他就爱拍领导的马屁。

그는 사장님의 비위를 잘 맞춘다.

- 讨厌 tǎoyàn〔동사〕싫어하다. 미워하다.
- 领导 lǐngdǎo〔명사〕영도자. 지도자. 리더. 보스(boss).

뒷북치다

放马后炮

fàng mǎ hòu pào

放马后炮 >> 행차 뒤에 나팔 분다.

这件事已经过去了, 放马后炮有什么用?

이 일은 이미 지나갔는데, 뒷북치면 무슨 소용 있니?

你就会放马后炮, 事先做什么了?

너 뒷북 잘 친다. 일이 발생하기 전(사전)에 뭐 했니?

- 炮 pào〔명사〕대포. 폭죽.
- 事先 shìxiān〔명사〕사전(에). 미리.

한 번 내뱉은 말은 되돌릴 수가 없다
一言既出，驷马难追
yì yán jì chū, sì mǎ nán zhuī

一言既出，驷马难追 >> 한 말은 꼭 지킨다.

我们就这么定了，一言既出，驷马难追。
우리 이렇게 정했으니, 한 말은 꼭 지키자.

一言既出，驷马难追，说到做到。
한 번 내뱉은 말은 되돌릴 수 없으니, 한 말은 지켜야 해.

- 既 jì [부사] 이미. 벌써.
- 驷马 sìmǎ [명사][문어] 사마(한 채의 수레를 끄는 4필의 말).
- 追 zhuī [동사] 뒤쫓다. 쫓아가다. 추격하다. 뒤따르다. 따라잡다.
- 说到做到 shuōdàozuòdào [성어] 말한 것을 반드시 실행에 옮기다. 약속은 반드시 지킨다. 언행을 일치시키다.

경험이 많으면 그 일에 능숙하다
老马识途
lǎo mǎ shí tú

老马识途 >> 늙은 말은 길을 알고 있다.

你要听他的话，因为老马识途。

너는 그의 말을 들어야 한다.
그가 경험이 매우 풍부해서 그 일에 능숙하기 때문이다.

他在这方面是老马识途，你要好好儿向他请教。

그는 이 방면으로 경험이 많아 능숙하니,
너는 그에게 잘 가르쳐 달라고 해라.

- 识 shí〔동사〕알다. 이해하다. 체득하다.
- 途 tú〔명사〕길. 도로.
- 请教 qǐngjiào〔동사〕가르침을 청하다.

손쉽게 성공하다
马到成功
mǎ dào chéng gōng

马到成功 >> 군마(軍馬)가 오자마자 승리하다. 일이 빨리 이루어진다.

祝你这次生意马到成功。
당신의 이번 사업이 순조롭게 성공하길 바랄게요.

他无论做什么事都马到成功。
그는 무슨 일을 하든지 간에 술술 잘 풀린다.

- 祝 zhù (동사) 기원하다. 축복하다. 축하하다.
- 生意 shēngyi (명사) 장사. 사업. 비즈니스(business).
- 无论 wúlùn (접속사) …을(를) 막론하고. …을(를) 따지지 않고. …에 관계없이. …든지.

논스톱

马不停蹄

mǎ bù tíng tí

马不停蹄 >> 쉼 없이 말을 달리다. 잠시도 쉬지 않고 계속 나아가다. 일손을 놓지 않는다.

我刚回来，就马不停蹄地去上海。

나는 이제 막 돌아왔는데, 잠시의 쉴 틈도 없이 상해에 간다.

他刚开完会，就马不停蹄地跟客户见面。

그는 이제 막 회의가 끝났는데, 쉴 틈도 없이 바이어를 만난다.

- 停 tíng 〔동사〕 정지하다. 멎다. 서다. 멈추다. 중지하다.
- 蹄 tí 〔명사〕 (소·말·양 따위의) 발굽.
- 客户 kèhù 〔명사〕 거래처. 바이어.

대충대충 보고 지나가다

走马看花

zǒu mǎ kàn huā

走马看花 >> 말을 달리며 꽃을 구경하다.

现在来不及了, 我们走马看花吧。
지금 시간이 없으니, 우리 대충 보자.

这次来博物馆, 你不要走马看花。
이번에 박물관에 왔으니, 너는 대충대충 보지 마.

- **来不及** láibují 〔동사〕 (시간이 부족하여) 돌볼 틈이 없다. 생각할 겨를이 없다. 제시간에 댈 수 없다.
- **博物馆** bówùguǎn 〔명사〕 박물관.

사람은 겪어봐야 안다

路遥知马力, 日久见人心

lù yáo zhī mǎ lì, rì jiǔ jiàn rén xīn

路遥知马力, 日久见人心 >> 길이 멀어야 말의 힘을 알 수 있고, 세월이 오래 지나서야 사람의 마음을 알 수가 있다.

现在才知道他是什么人了, 真是路遥知马力, 日久见人心。

이제야 그가 어떤 사람인지 알았어. 사람은 겪어봐야 아는 거야.

你们再交往一段时间, 因为路遥知马力, 日久见人心。

너희들은 어느 정도 교제를 더 해봐라.
왜냐하면 사람은 겪어봐야 아는 거니까.

- **遥** yáo [형용사] (거리가) 멀다. 아득하다. 요원하다.
- **交往** jiāowǎng [동사] 왕래하다. 내왕하다. 교제하다.

건성으로 하다
马马虎虎
mǎ mǎ hū hū

马马虎虎 >> 대충하다. 그저 그렇다.

他做事老是马马虎虎。
그는 일을 늘 건성으로 한다.

你一定要改掉马马虎虎工作的坏习惯。
당신은 반드시 건성으로 일하는 나쁜 습관을 고쳐야 해요.

- **改掉** gǎidiào 〔동사〕 고쳐 버리다.
- **坏** huài 〔형용사〕 나쁘다.
- **习惯** xíguàn 〔명사〕 버릇. 습관.

지난 일에 연연해 하지 않다

好马不吃回头草

hǎo mǎ bù chī huí tóu cǎo

好马不吃回头草 >> 기개가 있는 사람은 자기가 결정하고 행동한 일에 후회하지 않는다.

你怎么又找她了? 好马不吃回头草, 没听过吗?

너 왜 또 그녀를 찾아간 거야?
사나이는 지난 일에 연연하지 않는다는 거 못 들어봤니?

好马不吃回头草, 选择了就别后悔。

지난 일에 연연해 하지 마. 선택했으면 후회하지 마.

- 选择 xuǎnzé [동사] 고르다. 선택하다.
- 后悔 hòuhuǐ [동사] 후회하다.

옷이 날개다
人靠衣裳马靠鞍
rén kào yī shang mǎ kào ān

人靠衣裳马靠鞍 >> 사람은 의상발 말은 안장발.

穿了这件衣服就是不一样, 真是人靠衣裳马靠鞍。
이 옷을 입으니까 완전 달라졌네. 정말 옷이 날개야.

虽然人靠衣裳马靠鞍, 但不能总买太贵的衣服。
비록 옷이 날개이긴 하지만,
항상 비싼 옷을 사서는 안 되는 거야.

- 靠 kào 〔동사〕 기대다. 의지하다. …에 달려 있다.
- 衣裳 yīshang 〔명사〕 의상. 의복.
- 鞍 ān 〔명사〕 안장.
- 虽然 suīrán 〔접속사〕 비록 …하지만(일지라도). 〔뒷구절에는 일반적으로 '但是 (dànshì)와 같이 호응함.〕

새옹지마

塞翁失马

sài wēng shī mǎ

塞翁失马 >> 나쁜 일도 경우에 따라서는 전화위복이 될 수 있다.

人生就是塞翁失马，说不定还有更好的机会。

인생살이 새옹지마야. 어쩌면 더욱 좋은 기회가 생길지도 모르잖아.

塞翁失马，你怎么知道是好还是坏。

전화위복이라 했어. 좋을지 나쁠지 어떻게 알아.

- 人生 rénshēng 〔명사〕 인생
- 说不定 shuōbúdìng 〔동사〕 확실히 단언하기 어렵다. …일지도 모른다.
- 机会 jīhuì 〔명사〕 기회

차들이 꼬리에 꼬리를 물다
车水马龙
chē shuǐ mǎ lóng

车水马龙 >> 왕래하는 수레는 흐르는 물과 같고, 오가는 말은 꿈틀거리는 용과 같다.

今天是什么日子？这里车水马龙的。
오늘이 무슨 날이니? 여기 차가 끊임없이 많이 다니네.

大街上车水马龙的，非常热闹。
거리에 차가 많이 다녀서 북적북적해.

- **日子** rìzi 〔명사〕 (선택한) 날. 날짜.
- **大街** dàjiē 〔명사〕 큰길. 번화가. 큰 거리. 대로.
- **热闹** rènao 〔형용사〕 (광경이나 분위기가) 번화하다. 떠들썩하다. 시끌벅적하다. 북적북적하다.

천군만마

千军万马

qiān jūn wàn mǎ

千军万马 >> 대규모 병력

他以前是个将军, 曾带过千军万马。

그는 이전에 장군이었고, 일찍이 천군만마를 이끈 적이 있었다.

有你就好像获得了千军万马。

네가 있으니 천군만마를 얻은 것 같아.

- 将军 jiāngjūn [명사] 장군.
- 曾 céng [부사] 일찍이. 이전에.
- 带 dài [동사] 인도(인솔)하다. 이끌다. 통솔하다.
- 好像 hǎoxiàng [동사] 마치 …과 같다.
- 获得 huòdé [동사] 획득하다. 얻다.

소꿉친구

青梅竹马

qīng méi zhú mǎ

青梅竹马 >>> 죽마고우

他们俩是青梅竹马，很小就认识了。

그들 두 사람은 죽마고우이다. 매우 어렸을 때부터 알고 지냈다.

我也想有一个青梅竹马。

나도 소꿉친구가 하나 있었으면 좋겠다.

- **认识** rènshi〔동사〕알다. 인식하다.

얼렁뚱땅 넘어가려고 하다
打马虎眼
dǎ mǎ hu yǎn

打马虎眼 >> 어물 어물 남을 속이다. 눈속임하다.

别跟我打马虎眼,到底要怎么处理?
얼렁뚱땅 넘기려고 하지 말고, 도대체 어떻게 처리할 거야?

他做错的时候总是和妈妈打马虎眼。
그는 잘못을 할 때면 늘 엄마에게 얼렁뚱땅 넘어가려고 한다.

- 到底 dàodǐ 〔부사〕 도대체.
- 处理 chǔlǐ 〔동사〕 처리하다. (사물을) 안배하다. (문제를) 해결하다.
- 错 cuò 〔명사〕 착오. 잘못.
- 总是 zǒngshì 〔부사〕 늘. 줄곧. 언제나.

동문서답
牛头不对马嘴

niú tóu bú duì mǎ zuǐ

牛头不对马嘴 >> 엉뚱한 대답을 하다. 앞뒤가 서로 맞지 않는다.

你和我说的话怎么牛头不对马嘴呢。
네가 나한테 하는 말이 어째서 앞뒤가 맞지 않니.

老师问的问题, 他回答得完全牛头不对马嘴。
선생님이 한 질문에 그는 완전히 엉뚱한 대답을 했다.

- **嘴** zuǐ〔명사〕입.
- **回答** huídá〔동사〕대답하다.
- **完全** wánquán〔부사〕완전히. 적적으로.

덜렁이

马大哈

mǎ dà hā

马大哈 >> 건성꾼.

大家都说他是一个马大哈。

모두가 그를 덜렁이라고 말한다.

你真是个马大哈, 总是丢东西。

너 진짜 덜렁이구나. 항상 물건을 잃어버리네.

- **总是** zǒngshì〔부사〕늘. 줄곧. 언제나.
- **丢** diū〔동사〕잃다. 잃어버리다. 분실(유실)하다.

날로먹는중국어_**관용어편**

牛羊
虎狼狐

吹牛	37
杀鸡焉用牛刀	38
对牛弹琴	39
乱弹琴	40
初生牛犊不怕虎	41
钻牛角尖	42
手痒痒	43
亡羊补牢	44
挂羊头, 卖狗肉	45
替罪羊	46
骑虎难下	47
狼吞虎咽	48
前怕狼, 后怕虎	49
画虎画皮难画骨	50
知人知面不知心	51
纸老虎	52
母老虎	53
狐狸精	54

为了和中国人流利地交往,
平时多说汉语!

날로먹는중국어 관용어편

허풍치다
吹牛
chuī niú

他平时爱吹牛。

그는 평소에 허풍 떠는 것을 좋아한다.

喜欢吹牛的人很让人讨厌。

허풍을 좋아하는 사람은 사람들에게 미움을 산다.

- **平时** píngshí 〔명사〕 평소. 평상시. 보통 때.
- **讨厌** tǎoyàn 〔동사〕 싫어하다. 미워하다. 혐오하다.

닭 잡는 데 어찌 소 잡는 칼을 쓰랴

杀鸡焉用牛刀

shā jī yān yòng niú dāo

杀鸡焉用牛刀 >> 작은 일에 대단한 능력을 가진 사람을 쓸 필요 없다.

这件事我去就可以, 杀鸡焉用牛刀。

이 일은 내가 가면 되는데,
뭐 하러 닭 잡는 데 소 잡는 칼을 쓰고 그래.

这点东西用小货车就可以, 杀鸡焉用牛刀。

이 정도의 물건은 작은 화물차로도 되는데,
뭐 하러 닭 잡는 데 소 잡는 칼을 쓰고 그래.

- 杀 shā 〔동사〕 죽이다. 살해하다.
- 鸡 jī 〔명사〕 닭.
- 焉 yān 〔대명사〕〔문어〕 어떻게. 어찌.
- 刀 dāo 〔명사〕 칼.
- 货车 huòchē 〔명사〕 화물차.

소귀에 경 읽기
对牛弹琴
duì niú tán qín

对牛弹琴 >> 소귀에 거문고 타기

你对我说音乐，就是对牛弹琴。

네가 내게 음악을 말하는 것은 소귀에 경 읽기야.

和他们讲道理就是对牛弹琴。

그들과 사리를 따지는 것은 바로 소귀에 경 읽기야.

- 弹 tán〔동사〕(악기를) 타다. 뜯다. 치다. 연주하다.
- 琴 qín〔명사〕금(琴). 거문고. (현악기의 일종)
- 讲 jiǎng〔동사〕말하다. 이야기하다.
- 道理 dàoli〔명사〕도리. 이치. 일리. 경우.

제멋대로야

乱弹琴

luàn tán qín

乱弹琴 >> 함부로 말하다. 제멋대로 행동하다.

做事情不要乱弹琴。

일을 제멋대로 하지 마.

他插手别人的事儿, 喜欢乱弹琴。

그는 남의 일에 끼어들어 제멋대로 하는 것을 좋아한다.

- **乱** luàn 〔부사〕 함부로. 마구. 제멋대로.
- **插手** chāshǒu 〔동사〕 도와서 일을 하다. 개입하다. 끼어들다. 간섭하다.

하룻강아지 범 무서운 줄 모른다

初生牛犊不怕虎

chū shēng niú dú bú pà hǔ

初生牛犊不怕虎 >> *우리말과는 달리 좋은 뜻으로도 쓰인다.

年轻人敢想敢做, 真是初生牛犊不怕虎。

젊은 사람들은 과감하게 생각하고 행동하니,
참으로 하룻강아지 범 무서운 줄 모른다.

他有一股初生牛犊不怕虎的精神。

그는 두려움 없이 대담하게 행동하는 정신을 지녔다.

- 初 chū〔형용사〕처음의. 최초의.
- 牛犊 niúdú〔명사〕송아지.
- 不怕 búpà〔동사〕두려워(무서워)하지 않다.
- 虎 hǔ〔명사〕범. 호랑이.
- 年轻人 niánqīngrén〔명사〕젊은 사람. 젊은이.
- 敢 gǎn〔동사〕자신 있게 …하다. 과감하게 …하다.
- 精神 jīngshén〔명사〕정신.

사소한 문제에 집착하다
钻牛角尖
zuān niú jiǎo jiān

你不要总是钻牛角尖。

사소한 문제에 늘 집착하지 마세요.

他在这件事情上钻牛角尖，出不来了。

그는 이 일에 집착하여 빠져 나오질 못한다.

- **钻** zuān 〔동사〕 깊이 연구하다. 파고들다. (구멍을) 뚫다.
- **牛角尖** niújiǎojiān 〔명사〕 쇠뿔의 끝.
  〔비유〕 해결할 수 없는 문제. 연구할(생각할) 가치가 없는 사소한 문제.

손이 근질근질
手痒痒
shǒu yǎng yang

看见他玩儿游戏, 我也手痒痒了。

걔 게임하는 거 보니까 나도 손이 근질근질해.

很久没开车了, 我有点手痒痒。

오랫동안 운전을 하지 않으니, 나는 조금 손이 근질근질하다.

- 痒 yǎng〔형용사〕가렵다. 간지럽다.
  …하고 싶어 못 견디다. 좀이 쑤시다. 근질근질하다.
- 游戏 yóuxì〔명사〕게임.
- 开车 kāichē〔동사〕차를 몰다(운전하다).

소 잃고 외양간 고치다

亡羊补牢

wáng yáng bǔ láo

亡羊补牢 >> 양을 잃은 후에라도 서둘러 울타리를 수리하면 그래도 늦은 편은 아니다.
*우리말과는 달리 좋은 뜻으로도 쓰인다.

亡羊补牢, 快想办法！
지금 고쳐도 되니까 빨리 방법을 생각해 봐.

你现在亡羊补牢也不晚。
지금 고쳐도 아직 늦지 않았어.

- 亡 wáng (동사) 잃다. 없어지다.
- 羊 yáng (명사) 양.
- 补 bǔ (동사) 수선하다. 고치다. 때우다. 깁다.
- 牢 láo (명사) 우리. 외양간.

겉만 훌륭하고
속은 변변치 않다

挂羊头, 卖狗肉

guà yáng tóu, mài gǒu ròu

挂羊头, 卖狗肉 >> 양의 머리를 걸어 놓고 개고기를 팔다. 속과 겉이 다르다.

这些网上的医生都是挂羊头, 卖狗肉。

이 인터넷상의 의사들은 모두 겉만 훌륭하지 속은 변변치 않다.

这家商店广告做得好, 但完全是挂羊头, 卖狗肉。

이 상점의 광고는 잘 만들었지만,
완전히 겉만 그럴듯하고 속은 변변치 않다.

- 挂 guà〔동사〕걸다.
- 卖 mài〔동사〕팔다. 판매하다.
- 网上 wǎngshàng〔명사〕온라인. 인터넷.
- 广告 guǎnggào〔명사〕광고. 선전.

희생양

替罪羊

tì zuì yáng

替罪羊 >> 남을 대신하여 책임을 지는 사람.

我不想当他的替罪羊。

나는 그의 희생양이 되고 싶지 않다.

别拿我当替罪羊。

날 희생양으로 삼지 마.

- 替 tì〔동사〕대신하다. 대체하다.
- 罪 zuì〔명사〕죄. 범죄. 과실. 잘못.
- 当 dāng〔동사〕담당하다. 맡다. …이(가) 되다.
- 拿〔개사〕ná …을(를) 가지고서.
- 当 dàng〔동사〕…(으)로 삼다. …(으)로 여기다. …이라고 간주하다.

빼도 박도 못하다
骑虎难下
qí hǔ nán xià

骑虎难下 >> 어떤 일을 중도에서 계속할 수도 그만둘 수도 없는 상황. 이러지도 저러지도 못하는 딱한 처지. 손을 뗄 수 없다.

现在的情况让我骑虎难下。
지금의 상황은 날 빼도 박도 못하게 해.

你这样做会让我骑虎难下的。
네가 이렇게 하면 날 이러지도 저러지도 못하게 하는 거야.

- **骑** qí〔동사〕(동물이나 자전거 등에) 타다.
- **虎** hǔ〔명사〕범. 호랑이.
- **情况** qíngkuàng〔명사〕상황. 정황. 형편. 사정.

허겁지겁 먹다

狼吞虎咽

láng tūn hǔ yàn

狼吞虎咽 >> 게걸스럽게 먹다. 마파람에 게눈 감추듯 하다.

看他狼吞虎咽的样子, 好像饿了好几天。
그가 허겁지겁 먹는 모습을 보니, 마치 며칠 굶은 것 같다.

慢慢吃, 不要狼吞虎咽。
천천히 먹어. 허겁지겁 먹지 말고.

- 狼 láng (명사) 이리. 늑대.
- 吞 tūn (동사) (통째로) 삼키다.
- 咽 yàn (동사) (음식물 따위를) 삼키다. 목구멍으로 넘기다.
- 好像 hǎoxiàng (부사) 마치 …과 같다.

구더기 무서워 장 못 담그다

前怕狼, 后怕虎

qián pà láng, hòu pà hǔ

前怕狼, 后怕虎 >> 온갖 걱정으로 위축되어 앞으로 나아가지 못하다. 지나치게 조심하다(소심하다).

做事不要前怕狼, 后怕虎, 否则不会成功的。
일을 할 때 이것저것 두려워하면 안 돼.
그렇지 않으면 성공할 수 없을 거야.

他的性格就是前怕狼, 后怕虎。
그의 성격은 지나치게 소심하다.

- **怕** pà 〔동사〕 무서워하다. 두려워하다.
- **否则** fǒuzé 〔접속사〕 그렇지 않으면.
- **性格** xìnggé 〔명사〕 성격.

열 길 물속은 알아도 한 길 사람 속은 모른다

画虎画皮难画骨

huà hǔ huà pí nán huà gǔ

画虎画皮难画骨 >> 범의 가죽은 그리기 쉬워도 뼈는 그리기 어렵다.

没想到他会做这种事, 真是画虎画皮难画骨。

그가 이런 일을 할 수 있으리라고는 생각지 못했어.
정말이지 열 길 물속은 알아도 한 길 사람 속은 몰라.

不要轻易相信他, 要记住画虎画皮难画骨。

쉽게 그를 믿지 마.
열 길 물속은 알아도 한 길 사람 속은 모른다는 걸 기억해야지.

- 画 huà 〔동사〕 (그림을) 그리다.
- 虎 hǔ 〔명사〕〔동물〕 범. 호랑이.
- 皮 pí 〔명사〕 가죽.
- 骨 gǔ 〔명사〕 뼈.
- 没想到 méixiǎngdào 뜻밖에도. 생각지 못하다.
- 轻易 qīngyì 〔형용사〕 쉽다. 간단하다. 수월하다. 〔주로 부정형으로 쓰임.〕
- 记住 jìzhu 〔동사〕 확실히 기억해 두다. 똑똑히 암기해 두다.

열 길 물속은 알아도 한 길 사람 속은 모른다

知人知面不知心

zhī rén zhī miàn bù zhī xīn

我真是看错他了, 终于知道什么是知人知面不知心了。

나는 정말 그를 잘못 봐서, 마침내 무엇이 열 길 물속은 알아도 한 길 사람 속은 모른다는 것인지를 알게 되었다.

你听过知人知面不知心吗? 他说的话不要全相信。

열 길 물속은 알아도 한 길 사람 속은 모른다는 말 들어 본 적 있니? 그의 말을 전부 믿지는 마.

- **错** cuò 〔동사〕 틀리다. 맞지 않다.
- **终于** zhōngyú 〔부사〕 마침내. 결국. 끝내.
- **全** quán 〔부사〕 모두. 완전히.
- **相信** xiāngxìn 〔동사〕 믿다. 신임하다. 신뢰하다.

종이호랑이

纸老虎

zhǐ lǎo hǔ

纸老虎 >> 겉보기에 강한 듯하지만 실제로 힘이 없는 사람.

他就是纸老虎, 不用害怕。

그는 겉보기에만 강한 사람이라 무서워할 필요 없어.

他表面很厉害, 其实是个纸老虎。

그의 겉모습이 대단해 보여도 실은 종이호랑이일 뿐이다.

- **纸** zhǐ 〔명사〕 종이.
- **不用** búyòng 〔부사〕 …할 필요가 없다.
- **害怕** hàipà 〔동사〕 겁내다. 두려워하다. 무서워하다.
- **表面** biǎomiàn 〔명사〕 표면. 겉. 외관.
- **厉害** lìhai 〔형용사〕 대단하다. 굉장하다.
- **其实** qíshí 〔부사〕 기실. 사실.

드센 여자

母老虎

mǔ lǎo hǔ

母老虎 >> 암호랑이. 성질이 사나운 여자.

我老婆是母老虎。

내 와이프는 드센 여자야.

其实母老虎也有温柔的一面。

사실 성질이 사나운 여자도 부드러운 면은 있다.

- **母** mǔ 〔형용사〕 암컷의.
- **老婆** lǎopo 〔명사〕〔구어〕 아내. 처. 집사람. 마누라.
- **温柔** wēnróu 〔형용사〕 온유하다. 부드럽고 상냥하다.

불여우

狐狸精

hú li jīng

狐狸精 >> 옛날, 전설에서 여우가 변해서 된 미녀. 구미호.

大家都叫她狐狸精。

모두가 그녀를 불여우라고 부른다.

男人不一定都喜欢狐狸精。

남자들이 다 불여우를 좋아하는 건 아니야.

- 狐狸 húli〔명사〕여우.〔비유〕교활한 인간.
- 不一定 bùyídìng〔부사〕(반드시) …한 것은 아니다.

날로먹는중국어_**관용어편**

乌鱼
鸡鸽

鸡毛蒜皮	57
杀鸡取卵	58
杀鸡给猴看	59
以卵投石	60
铁公鸡	61
一毛不拔	62
抠门儿	63
起鸡皮疙瘩	64
鸡蛋里挑骨头	65
挑剔	66
没的挑	67
爱屋及乌	68
放鸽子	69
炒鱿鱼	70
三天打鱼,两天晒网	71

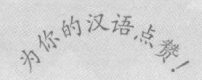

날로먹는중국어_관용어편

사소한 일
鸡毛蒜皮
jī máo suàn pí

鸡毛蒜皮 >> 닭 털과 마늘 껍질. 시시콜콜한 일.

不要为了鸡毛蒜皮的小事吵架。

시시콜콜한 작은 일 때문에 싸우지 마.

这些鸡毛蒜皮的小事很容易解决。

이런 사소한 일은 해결하기 쉽다.

- **蒜** suàn (명사) 마늘.
- **吵架** chǎojià (동사) 말다툼하다. 다투다.
- **解决** jiějué (동사) 해결하다. 풀다.

눈앞의 이익만 좇다

杀鸡取卵

shā jī qǔ luǎn

你千万不要做杀鸡取卵的事。

제발 눈앞의 이익만 좇는 일을 하지 마세요.

你这么做就是杀鸡取卵。

당신이 이렇게 하는 것은 훗날 큰 이익을 놓치는 일이 될 거예요.

- 取 qǔ〔동사〕가지다. 취하다. 찾다.
- 卵 luǎn〔명사〕알.
- 千万 qiānwàn〔부사〕부디. 제발.

일벌백계하다

杀鸡给猴看

shā jī gěi hóu kàn

杀鸡给猴看 >> 닭을 잡아서 원숭이에게 보여주다.

老板这么做其实就是杀鸡给猴看。
사장님이 이렇게 한 것은 사실 일벌백계하는 것이다.

这种杀鸡给猴看的做法有用吗?
이런 일벌백계하는 방법이 소용이 있어?

- 杀 shā 〔동사〕 죽이다. 살해하다. 잡다.
- 鸡 jī 〔명사〕 닭.
- 猴 hóu 〔명사〕 원숭이.

계란으로 바위를 치다
以卵投石
yǐ luǎn tóu shí

你的实力不如他, 不要以卵投石。

너의 실력은 그보다 못하니, 계란으로 바위 치기 하지 말아라.

你这么做简直是以卵投石。

네가 이렇게 하는 것은 정말 계란으로 바위치기야.

- 卵 luǎn〔명사〕알.
- 投 tóu〔동사〕던지다. 투척하다.
- 实力 shílì〔명사〕실력.
- 简直 jiǎnzhí〔부사〕그야말로. 정말로.

구두쇠

铁公鸡

tiě gōng jī

铁公鸡 >> 굉장히 인색한 사람. 짠돌이. 짠순이.

他是我们公司有名的铁公鸡。
그는 우리 회사의 유명한 구두쇠이다.

我老板就是个铁公鸡,很抠门儿。
우리 사장님은 짠돌이야. 인색해.

- **铁** tiě [명사] 쇠. 철.
- **公鸡** gōngjī [명사] 수탉.
- **老板** lǎobǎn [명사] 상점 주인. 사장.
- **抠门** kōumén 인색하다.

인색하다

一毛不拔

yì máo bù bá

一毛不拔 >> 남을 위해 털 한 가닥도 안 뽑는다.

他这个人特别小气，总是一毛不拔。

그 사람은 쩨쩨해. 항상 인색해.

每次吃饭他都一毛不拔。

매번 밥 먹을 때마다 그는 인색하기 그지없다.

- **毛** máo〔명사〕(동식물의 표피에 나 있는) 털. 깃. 깃털.
- **拔** bá〔동사〕뽑다. 빼다.
- **小气** xiǎoqi〔형용사〕인색하다. 박하다. 짜다. 쩨쩨하다.
- **特别** tèbié〔부사〕유달리. 특별히. 아주.

인색하다
抠门儿
kōu ménr

他平时不花钱, 因为他很抠门儿。

그는 평소 돈을 쓰지 않는다. 왜냐하면 그가 인색하기 때문이다.

男人不能太抠门儿, 否则会没有女朋友的。

남자가 너무 인색해선 안 돼.
그렇지 않으면 여자친구가 없을 거야.

- 平时 píngshí 〔명사〕 보통 때. 평소. 여느 때.
- 花钱 huāqián 〔동사〕 (돈을) 쓰다. 들이다. 소비하다.
- 男人 nánrén 〔명사〕 (성년) 남자.
- 否则 fǒuzé 〔접속사〕 만약 그렇지 않으면.

닭살 돋다

起鸡皮疙瘩

qǐ jī pí gē da

他的话让我起鸡皮疙瘩。

그의 말이 날 닭살 돋게 해.

我一看见她撒娇的样子，就起鸡皮疙瘩。

그녀의 애교 떠는 모습을 보기만 하면 몸에 닭살이 돋는다.

- 起 qǐ〔동사〕돋다. 나다. 생기다.
- 鸡皮 jīpí〔명사〕닭 껍질.
- 疙瘩 gēda〔명사〕종기. 뽀두라지. 부스럼.
- 撒娇 sājiāo〔동사〕응석부리다. 어리광부리다. 애교를(아양을) 떨다.
- 一…就… yí…jiù… …하자마자 …하다. …하기만 하면 …하다.

억지로 남의 흠을 들추어 내다

鸡蛋里挑骨头

jī dàn li tiāo gǔ tou

鸡蛋里挑骨头 >> 달걀 속에서 뼈를 골라내다.

他这次做得很好, 你不要鸡蛋里挑骨头。
그는 이번에 잘 했으니 트집을 잡아서는 안 된다.

真是鸡蛋里挑骨头, 有本事你去做。
정말 쓸데없이 트집이야. 재주 있음 네가 해.

- **鸡蛋** jīdàn 〔명사〕 계란. 달걀.
- **挑** tiāo 〔동사〕 (부정적인 면을) 끄집어(꼬집어) 내다. 가려 내다. 들추어 내다.
- **骨头** gǔtou 〔명사〕 뼈.
- **本事** běnshi 〔명사〕 능력. 재능. 기량. 수완. 재주.

까다롭다

挑剔

tiāo tī

这么好吃的东西你都不喜欢，真是口味挑剔。

이렇게 맛있는 음식을 너는 다 싫어하다니 정말 입맛 까다롭구나.

她是一个很挑剔的人，很难满足。

그녀는 너무 까다로워서 만족시키기 힘들어.

- 口味 kǒuwèi〔명사〕입맛. 구미. 기호.
- 满足 mǎnzú〔동사〕만족하다. 흡족하다.

흠잡을 데가 없다

没的挑

méi de tiāo

她很完美,没的挑。

그녀는 너무 완벽해서 흠잡을 데가 없다.

你的老公没的挑。

네 남편은 흠잡을 데가 없어.

- **挑** tiāo〔동사〕(부정적인 면을) 끄집어 내다. 가려 내다. 들추어 내다.
- **完美** wánměi〔형용사〕완전하다. 완벽하다.
- **老公** lǎogōng〔명사〕남편. 신랑.

아내가 사랑스러우면 처갓집 말뚝에다 절을 한다
爱屋及乌
ài wū jí wū

爱屋及乌 >> 어떤 사람을 좋아하기에 그의 집 지붕에 앉은 까마귀까지도 관심을 갖다.

我男朋友爱屋及乌。
내 남자친구는 내 주변 모든 걸 다 사랑해.

喜欢一个人, 要爱屋及乌, 喜欢他的一切。
한 사람을 좋아하게 되면 처갓집 말뚝을 보고도 절을 해야 하고, 그의 모든 것을 좋아해야 한다.

- **乌** wū 〔명사〕 까마귀.
- **男朋友** nánpéngyou 〔명사〕 연인. (남자) 애인.
- **一切** yíqiè 〔명사〕 일체. 전부.

바람맞히다
放鸽子
fàng gē zi

放鸽子 >> 비둘기를 놓아 주다.

我今天被朋友放鸽子了。
나 오늘 친구한테 바람맞았어.

他经常放别人鸽子。
그는 자주 사람을 바람 맞힌다.

- **放** fàng〔동사〕(자유롭게) 놓아주다. 풀어 주다.
- **鸽子** gēzi〔명사〕비둘기.
- **被** bèi〔동사〕〔문어〕…에게 …를 당하다.

해고하다

炒鱿鱼

chǎo yóu yú

炒鱿鱼 >> 오징어를 볶다. 파면하다.

他今天被老板炒鱿鱼了。
그는 오늘 사장님에게 해고당했다.

我今天一定要炒你鱿鱼。
내가 오늘 반드시 널 자를 거야.

- **炒** chǎo 〔동사〕 (기름 따위로) 볶다.
- **鱿鱼** yóuyú 〔명사〕 오징어
- **一定** yídìng 〔부사〕 반드시. 필히. 꼭.

작심삼일

三天打鱼，两天晒网

sān tiān dǎ yú, liǎng tiān shài wǎng

三天打鱼，两天晒网 >> 공부나 일을 꾸준하게 하지 못하다.

做事情不要三天打鱼，两天晒网，坚持最重要。
일을 할 때 작심삼일이어선 안 돼. 꾸준히 하는 게 가장 중요해.

学习不能三天打鱼，两天晒网。
공부는 하다 말다 하면 안 돼.

- **打鱼** dǎyú〔동사〕(그물 등으로) 물고기를 잡다.
- **晒** shài〔동사〕햇볕을 쬐다. 햇볕에 말리다.
- **网** wǎng〔명사〕그물.
- **坚持** jiānchí〔동사〕견지하다.

날로먹는중국어_관용어편

人身心

金无足赤, 人无完人	75
里外不是人	76
过来人	77
身体是革命的本钱	78
身在福中不知福	79
言传身教	80
身不由己	81
别往心里去	82
好心办坏事	83
同心协力	84
问心无愧	85
闷闷不乐	86

听到你的汉语, 我差点儿就吓倒了!

날로먹는중국어_관용어편

누구에게나 단점은 있다
金无足赤, 人无完人
jīn wú zú chì, rén wú wán rén

金无足赤, 人无完人 >> 금에 순금이 없듯이, 사람도 완전무결한 사람이 없다.
털어서 먼지 안 나는 사람은 없다. 옥에도 티가 있다.

不要要求他做一个完美的人, 金无足赤, 人无完人。
그가 완벽한 사람이 되기를 요구하지 마세요.
완전무결한 사람은 없는 거예요.

世界上哪有没有缺点的人, 金无足赤, 人无完人。
세상에 결점이 없는 사람이 어디 있어.
완전무결한 사람은 없는 거야.

- **无** wú〔동사〕없다.
- **足赤** zúchì〔명사〕순금.
- **完人** wánrén〔명사〕(결점이 없는) 완벽한 사람.
- **要求** yāoqiú〔동사〕요구하다.
- **哪有** nǎyǒu 어디에 있어.
- **缺点** quēdiǎn〔명사〕결점. 단점.

여기저기서 다 욕을 먹다

里外不是人

lǐ wài bú shì rén

里外不是人 >> 양측 모두에게 원망을 사다. 양측 모두에게 욕을 먹다.

在这件事情上我里外不是人。

이 일로 나는 여기저기에서 욕을 먹었다.

我是好心办坏事, 结果却里外不是人。

좋은 의도로 한 일이 결국엔 오히려 여기저기에서 욕을 먹게 되었다.

- **好心办坏事** hǎoxīnbànhuàishì 좋은 의도로 한 일이 오히려 나쁜 결과를 낳다.
- **结果** jiéguǒ 〔부사〕 결국.
- **却** què 〔부사〕 도리어, 오히려.

경험자
过来人
guò lái rén

过来人 >> 겪어 본 사람

我是过来人，听我的。
내가 경험자이니 내 말을 들어.

我作为过来人劝你，珍惜现在！
내가 경험자로서 네게 충고하는데, 지금을 소중히 생각해.

- **过来** guòlái〔동사〕겪다. 경험하다. 지나오다.
- **作为** zuòwéi〔동사〕…의 신분(자격)으로서.〔명사성 목적어를 취해야 함.〕
- **劝** quàn〔동사〕권하다. 권고하다. 타이르다. 설득하다.
- **珍惜** zhēnxī〔동사〕진귀하게 여겨 아끼다. 귀중(소중)히 여기다.

건강이 재산이다
身体是革命的本钱
shēn tǐ shì gé mìng de běn qián

身体是革命的本钱 >> 몸은 혁명의 밑천이다.

你不要总是熬夜工作，身体是革命的本钱，知道吗?
계속 밤새워 일하지 마.
몸이 건강한 거야말로 재산이야. 알겠니?

身体是革命的本钱，身体比什么都重要。
건강이 재산이야. 건강은 그 어떤 것보다 중요해.

- **革命** gémìng 〔동사〕 혁명하다.
- **本钱** běnqián 〔명사〕〔비유〕 (믿을 만한 자력·능력·조건 등의) 밑천. 자본.
- **熬夜** áoyè 〔동사〕 밤새다. 철야하다.

호강에 겹다
身在福中不知福
shēn zài fú zhōng bù zhī fú

身在福中不知福 >>> 행복한 삶을 누리면서도 만족을 느끼지 못한다. 배부른 소리.

这么好的妻子你不珍惜，真是身在福中不知福。
이렇게나 좋은 아내를 소중히 여기지 않다니,
정말이지 배부른 소리 하는구나.

现在的孩子真是身在福中不知福。
요즘 아이들은 정말이지 호강에 겨웠어.

- 福 fú〔명사〕행복.
- 珍惜 zhēnxī〔동사〕진귀하게 여겨 아끼다. 귀중(소중)히 여기다.

말과 행동으로 가르치다
言传身教
yán chuán shēn jiào

作为父母，应该言传身教。

부모로서 마땅히 말과 행동으로 모범을 보여야 한다.

父母的言传身教对孩子的教育很重要。

부모의 말과 행동은 아이의 교육에 매우 중요하다.

- 传 chuán〔동사〕전하다.
- 作为 zuòwéi〔동사〕…의 신분(자격)으로서.〔명사성 목적어를 취해야 함.〕
- 应该 yīnggāi〔동사〕…해야 한다. …하는 것이 마땅하다.
- 教育 jiàoyù〔명사〕교육.

자신도 어찌할 수 없다
身不由己
shēn bù yóu jǐ

身不由己 >> 몸이 자기 마음대로 되지 않다.

他也是身不由己,你不要怪他了。
그도 자기 뜻대로 하지 못하는 것이니 탓하지 마세요.

有时候喝酒也是身不由己的。
어떤 때는 술 마시는 것도 내 마음대로 안 돼.

- **由** yóu〔개사〕…이(가). …에서. …(으)로부터. 〔동작의 주체를 이끌어 냄.〕
- **己** jǐ〔대명사〕자기. 자신.
- **怪** guài〔동사〕책망하다. 원망하다. 꾸짖다. 훈계하다.

마음에 두지 마

別往心里去

bié wǎng xīn li qù

他的话你别往心里去, 他没有别的意思。

그의 말을 마음에 두지 마. 별다른 뜻은 없어.

我跟你开玩笑呢, 千万别往心里去。

나 너한테 농담한 거야. 제발 마음에 담아두지 마.

- 往 wǎng 〔개사〕 …쪽으로. …을 향해.
- 心里 xīnli 〔명사〕 마음(속). 머릿속.
- 别的 biéde 〔대명사〕 다른 것.
- 意思 yìsi 〔명사〕 의미. 뜻.
- 开玩笑 kāiwánxiào 〔동사〕 농담하다.
- 千万 qiānwàn 〔부사〕 부디. 제발. 아무쪼록. 꼭. 절대로. 반드시.

좋은 의도로 한 일이 오히려 나쁜 결과를 낳다

好心办坏事

hǎo xīn bàn huài shì

如果好心办坏事怎么办?

만약에 좋은 의도로 했는데 상황이 안 좋아지면 어떡하지?

我本来想帮你, 没想到好心办坏事。

전 당신을 돕고 싶었을 뿐인데
생각지도 못하게 나쁜 결과를 가져왔네요.

- **好心** hǎoxīn 〔명사〕 선의. 호의. 좋은 마음.
- **办** bàn 〔동사〕 처리하다. 취급하다. 다루다. 하다.
- **坏事** huàishì 〔명사〕 나쁜 일. 해로운 일.
- **本来** běnlái 〔부사〕 본래. 원래.

한마음 한뜻으로 힘을 합치다
同心协力
tóng xīn xié lì

同心协力 >> 일치 단결하다.

大家同心协力, 一定会成功的。
모두가 한마음 한뜻으로 힘을 합치면 반드시 성공할 것이다.

我们同心协力, 把这个工作做完。
우리 다 같이 힘을 합쳐 이 일을 끝내자.

- **同心** tóngxīn 〔동사〕 마음을 합치다.
- **协力** xiélì 〔동사〕 협력하다. 힘을 합하다. 함께 노력하다.
- **一定** yídìng 〔부사〕 반드시. 꼭.
- **成功** chénggōng 〔동사〕 성공하다. 이루다.

양심에 거리낌이 없다
问心无愧
wèn xīn wú kuì

问心无愧 >> 양심에 물어 부끄러울 바가 없다.

做事情要问心无愧。

일을 할 때는 양심에 비춰 한 점 거리낌이 없어야 하는 거야.

在这件事情上我没有任何错，问心无愧。

이 일에 있어서 난 어떠한 잘못도 없어. 양심에 부끄럽지 않아.

- **无愧** wúkuì〔동사〕부끄러울 것이 없다.
- **任何** rènhé〔대명사〕어떠한. 무엇.
- **错** cuò〔명사〕착오. 잘못

시무룩하다

闷闷不乐

mèn mèn bú lè

闷闷不乐 >> 마음이 답답하고 울적하다.

你怎么闷闷不乐的?

너 왜 시무룩해?

不要因为考试成绩闷闷不乐。

시험성적 때문에 시무룩해 하지 마.

- 闷 mèn 〔형용사〕 번민하다. 답답하다. 우울하다. 괴롭다.
- 乐 lè 〔형용사〕 즐겁다. 기쁘다.
- 考试 kǎoshì 〔명사〕 시험.
- 成绩 chéngjì 〔명사〕 성적.

날로먹는중국어_관용어편

脑 头
脸 面

没头没脑	89
猪脑子	90
伤脑筋	91
头都大了	92
忘到脑后头	93
换脑筋	94
抓辫子	95
厚脸皮	96
丢脸	97
没脸	98
翻脸	99
脸色	100
看…脸色	101
愁眉苦脸	102
有头有脸	103
娃娃脸	104
没面子	105
爱面子	106

认真努力，即使做梦，也说出汉语！

날로먹는중국어_관용어편

생각이 없다

没头没脑

méi tóu méi nǎo

没头没脑 >> 느닷없다. 난데없다. 밑도 끝도 없다.

你做事别没头没脑。
일할 때 너무 생각 없이 하지 마.

你这篇文章没头没脑, 在写什么呢?
이 문장은 너무 밑도 끝도 없어. 뭘 쓰고 있는 거니?

- 头 tóu 〔명사〕 머리.
- 脑 nǎo 〔명사〕 뇌. 머리.
- 篇 piān 〔양사〕 편. 장. (문장·종이 등을 세는 단위)
- 文章 wénzhāng 〔명사〕 독립된 한 편의 글. 문장.

멍청이

猪脑子

zhū nǎo zi

猪脑子 >> 바보.

这么简单的问题你都不会，真是猪脑子。

이렇게 간단한 문제도 할 줄 모르다니 정말 멍청이야.

你再不学习，慢慢地就会变成猪脑子了。

네가 더 이상 공부를 하지 않는다면, 조금씩 멍청이가 될 거야.

- 猪 zhū 〔명사〕 돼지.
- 脑子 nǎozi 〔명사〕 머리. 두뇌.
- 慢慢 mànmàn 〔부사〕 천천히. 느릿느릿. 차츰.
- 变成 biànchéng 〔동사〕 …(으)로 변하다. …(으)로 되다. …이(가) 되다.

골머리를 앓다
伤脑筋
shāng nǎo jīn

伤脑筋 >> 애를 먹다.

我最近遇上很挑剔的顾客，真是伤脑筋。
난 최근 까다로운 고객을 만나 애를 먹었다.

他老婆最近大手大脚花钱，让他很伤脑筋。
그의 아내가 요즘 돈을 헤프게 써서 그는 골머리를 앓는다.

- 伤 shāng〔동사〕상하다. 해치다. 다치다.
- 脑筋 nǎojīn〔명사〕두뇌. 머리.
- 遇 yù〔동사〕만나다. 얻다. 겪다. 당하다.
- 挑剔 tiāotī〔동사〕(결점·잘못 등을) 지나치게 트집잡다.
- 顾客 gùkè〔명사〕고객. 손님.
- 大手大脚 dàshǒudàjiǎo 돈이나 물건을 헤프게 쓰다. 돈을 물 쓰듯 하다.
- 花钱 huāqián〔동사〕(돈을) 쓰다. 소비하다.

머리가 터질 것 같아

头都大了

tóu dōu dà le

做了一天作业, 头都大了。

하루 종일 숙제를 했더니 머리가 터질 것 같아.

头都大了也没想出好办法。

머리가 터질 만큼 생각해도 좋은 방법이 떠오르질 않아.

- **作业** zuòyè 〔명사〕 숙제. 과제.
- **想出** xiǎngchū 〔동사〕 생각해 내다. 떠올리다. 생각나다. 떠오르다.
- **办法** bànfǎ 〔명사〕 방법.

완전히 잊어버리다
忘到脑后头
wàng dào nǎo hòu tou

我把老婆的生日忘到脑后头了。

나는 아내의 생일을 까맣게 잊어버렸다.

你怎么什么都能忘到脑后头！

넌 어떻게 뭐든지 싹 다 잊어버릴 수가 있니?

- 忘 wàng 〔동사〕 (지난 일을) 잊다. 망각하다.
- 脑 nǎo 〔명사〕 뇌. 머리.
- 后头 hòutou 〔명사〕 뒤. 뒤쪽. 뒷면.
- 老婆 lǎopo 〔명사〕 아내. 집사람. 마누라.

사고방식을 고치다
换脑筋
huàn nǎo jīn

这都什么时代了, 你该换脑筋了。

지금이 어떤 시대인데 사고방식을 바꿔야지.

你能不能换个脑筋想问题？

넌 사고방식을 좀 바꿔 생각해 볼 수 없어?

- **换** huàn〔동사〕바꾸다. 변환하다. 교체하다.
- **脑筋** nǎojīn〔명사〕의식. 사상.
- **时代** shídài〔명사〕(역사상의) 시대.
- **该** gāi〔동사〕(마땅히) …해야 한다. …하는 것이 당연하다.

꼬투리를 잡다

抓辫子

zhuā biàn zi

抓辫子 >> 약점을 잡다.

不要让我抓到你的辫子。

나한테 약점 잡히지 마.

他在等着抓我的小辫子。

그는 내 약점이 잡히길 기다리고 있다.

- **抓** zhuā [동사] 꽉 쥐다.
- **辫子** biànzi [명사] 땋은 머리. 변발. [비유] 결점. 약점.

뻔뻔하다

厚脸皮

hòu liǎn pí

厚脸皮 >> 철면피. 낯가죽이 두껍다. 얼굴에 철판을 깔다.

我从来没见过像他那样厚脸皮的人。

나는 여태까지 그처럼 뻔뻔한 사람은 본 적이 없다.

你的脸皮怎么这么厚！

너는 낯가죽이 왜 이렇게 두껍니!

- 厚 hòu 〔형용사〕 두껍다. 두텁다.
- 脸皮 liǎnpí 〔명사〕 얼굴 피부.
- 从来 cónglái 〔부사〕 (과거부터) 지금까지. 여태껏. 이제까지. 〔주로 부정형으로 쓰임.〕
- 像 xiàng 〔동사〕 …와(과) 같다.

쪽 팔려

丢脸

diū liǎn

丢脸 >> 망신살 뻗치다.

你怎么能做出这么丢脸的事?

너는 어쩜 이렇게 창피한 일을 할 수 있니?

你不觉得丢脸吗?

쪽팔리단 생각 안 들어?

• **丢脸** diūliǎn 〔동사〕 체면이 깎이다. 창피 당하다. 망신하다. 볼 낯이 없게 되다.

염치가 없다

没脸

méi liǎn

没脸 >> 면목이 없다.

我真是没脸见家人。

나는 정말이지 가족의 얼굴을 볼 염치가 없다.

要是别人知道了这件事, 我就没脸见人了。

만약 다른 사람이 이 일을 알게 된다면,
나는 사람들을 볼 면목이 없어진다.

- 脸 liǎn 〔명사〕 얼굴.
- 要是 yàoshi 〔접속사〕 만약.

태도를 싹 바꾸다

翻脸

fān liǎn

翻脸 >> 갑자기 태도를(낯빛을) 바꾸다.

你怎么能这么快翻脸呢?
너는 어쩜 이렇게 빨리 태도를 바꿀 수가 있어?

你不要为了钱和他们翻脸。
너는 돈 때문에 그와 사이가 틀어지면 안 돼.

- **翻脸** fānliǎn〔동사〕외면하다. 반목(反目)하다. 불쾌한 얼굴을 하다. 태도를 바꾸다. 사이가 틀어지다.

안색

脸色

liǎn sè

脸色 >> 얼굴색

他的脸色突然难看起来。
그의 안색이 갑자기 안 좋아졌다.

我看你今天的脸色不太好。
오늘 안색이 별로 안 좋아 보여.

- **突然** tūrán 〔부사〕 갑자기. 문득. 돌연히. 홀연히.
- **难看** nánkàn 〔형용사〕 (표정이나 안색이) 좋지 않다.

눈치를 보다

看…脸色

kàn…liǎn sè

你不用看我的脸色。

너 내 눈치 볼 필요 없어.

我不喜欢看别人的脸色工作。

난 다른 사람의 눈치를 보며 일하는 것이 싫어.

- **脸色** liǎnsè [명사] 안색. 얼굴색.
- **不用** búyòng [동사] …할 필요가 없다.

우거지상

愁眉苦脸

chóu méi kǔ liǎn

愁眉苦脸 >> 걱정과 고뇌에 쌓인 표정.

你这几天怎么愁眉苦脸的?

너 요 며칠 어째서 수심이 가득 찬 얼굴이니?

不要愁眉苦脸了, 高兴点儿。

오만상 찌푸리지 말고 기분 좀 풀어.

- 愁眉 chóuméi 〔명사〕 수심으로 찌푸린 눈썹.
- 苦 kǔ 〔형용사〕 고통스럽다. 괴롭다.
- 不要 búyào 〔동사〕 …하지 마라. …해서는 안 된다.

지위와 신분이 있다
有头有脸
yǒu tóu yǒu liǎn

有头有脸 >> 명예와 위신이 있다.

他在我们这儿有头有脸。

그는 여기에서 유명하다.

来我们这儿的都是有头有脸的人。

여기에 오는 사람들은 모두 잘 알려진 사람들이다.

- 头 tóu〔명사〕머리.
- 脸 liǎn〔명사〕얼굴.

동안

娃娃脸
wá wa liǎn

娃娃脸 >> 앳된 얼굴

她长着一张娃娃脸，看不出到底多大。
그녀는 앳된 얼굴이라 도대체 몇 살인지 분간할 수 없다.

我是娃娃脸，虽然三十多岁了，可是看起来像学生。
나는 동안이라 서른 살이 넘었지만 학생처럼 보인다.

- **娃娃** wáwa 〔명사〕(갓난)아기. 어린애. 인형.
- **长** zhǎng 〔동사〕나다. 생기다.
- **到底** dàodǐ 〔부사〕도대체. 〔의문문에 쓰여 깊이 따지는 것을 나타냄.〕
- **虽然……但是** suīrán……dànshì 〔접속사〕비록…, 하지만…. 〔흔히 '可是'·'但是'·'却是' 등과 어울려 쓰임〕
- **可是** kěshì 〔접속사〕그러나. 하지만. 그렇지만.
- **看起来** kànqǐlái 〔동사〕보기에 …하다. 보아하니 …하다.
- **像** xiàng 〔동사〕같다. 비슷하다. 닮다.

체면이 깎이다
没面子
méi miàn zi

没面子 >> 체면을 잃다.

你这么批评他，让他很没面子。
당신이 이렇게 그를 혼내면 그의 체면이 떨어져요.

在喜欢的人面前丢脸，真是太没面子了。
좋아하는 사람 앞에서 망신 당하면 정말 체면 떨어져.

- 批评 pīpíng (동사) 비판하다. 지적하다. 꾸짖다. 나무라다.
- 面子 miànzi (명사) 체면. 면목.
- 丢脸 diūliǎn (동사) 체면이 깎이다. 창피 당하다.

체면을 중시하다
爱面子
ài miàn zi

你这么爱面子, 早晚会吃亏的。

네가 이렇게 체면을 중시한다면 조만간 손해를 보게 될 거야.

他们都是特别爱面子的人。

그들은 모두 몹시 체면을 중시하는 사람들이다.

- 面子 miànzi 〔명사〕 체면. 면목.
- 早晚 zǎowǎn 〔부사〕 결국에는. 조만간.
- 吃亏 chīkuī 〔동사〕 손해를 보다. 손실을 입다.

날로먹는중국어_관용어편

耳 眼
口 嘴 鼻

刮目相看	124	眼不见, 心不烦	109
鼻子不是鼻子, 脸不是脸	125	睁一只眼, 闭一只眼	110
隔墙有耳	126	眼睛是心灵的窗户	111
早有耳闻	127	熊猫眼	112
刀子嘴, 豆腐心	128	红眼病	113
狗嘴里吐不出象牙	129	情人眼里出西施	114
顶嘴	130	一见钟情	115
乌鸦嘴	131	百闻不如一见	116
口是心非	132	见外	117
口口声声	133	有眼光	118
一口咬定	134	瞎了眼	119
合胃口	135	不起眼儿	120
倒胃口	136	眼高手低	121
吊胃口	137	有鼻子有眼儿	122
有口福	138	目不识丁	123

为你通过HSK干杯!

닐로먹는중국어_관용어편

눈으로 안 보면 속 편해

眼不见, 心不烦

yǎn bú jiàn, xīn bù fán

眼不见, 心不烦 >> 눈으로 보지 않으면 번뇌가 없다.

喝完酒以后别回家, 眼不见, 心不烦。
술 마신 다음에 집에 오지 마. 안 보는 게 속 편하니까.

他们吵架, 你别管。眼不见, 心不烦。
그들이 싸우는 데 넌 간섭하지 마. 안 보는 게 속 편해.

- **烦** fán 〔형용사〕 번민하다. 답답하다. 괴롭다. 근심스럽다.
- **吵架** chǎojià 〔동사〕 말다툼하다. 다투다.
- **管** guǎn 〔동사〕 관여하다. 참견하다.

눈 감아 주다

睁一只眼, 闭一只眼

zhēng yì zhī yǎn, bì yì zhī yǎn

睁一只眼, 闭一只眼 >> 보고도 못 본 체하다.

这种事睁一只眼闭一只眼比较好。

이런 일은 보고도 못 본 척하는 게 좋아.

不要对他睁一只眼闭一只眼。

걔한테 눈감아 주지 마.

- **睁** zhēng 〔동사〕 (눈을) 크게 뜨다.
- **只** zhī 〔양사〕 쪽. 짝. (쌍을 이루는 물건의 하나를 세는 단위)
- **闭** bì 〔동사〕 닫다. 다물다.
- **比较** bǐjiào 〔부사〕 비교적.

눈은 마음의 창

眼睛是心灵的窗户

yǎn jing shì xīn líng de chuāng hu

眼睛是心灵的窗户, 看着我的眼睛说。

눈은 마음의 창이야. 내 눈을 보면서 말해.

眼睛是心灵的窗户, 你在骗我。

눈은 마음의 창이야. 넌 날 속이고 있어.

- **眼睛** yǎnjing〔명사〕눈.
- **心灵** xīnlíng〔명사〕심령. 정신. 영혼. 마음.
- **窗户** chuānghu〔명사〕창문. 창.
- **骗** piàn〔동사〕속이다. 기만하다.

다크서클

熊猫眼

xióng māo yǎn

这几天一直在熬夜, 都有熊猫眼了。

요 며칠 줄곧 밤을 새웠더니 다크서클이 생겼다.

你的熊猫眼怎么这么重呢。

너 다크서클이 왜 이렇게 심한 거야.

- **熊猫** xióngmāo〔명사〕팬더. 판다.
- **一直** yìzhí〔부사〕계속. 줄곧.
- **熬夜** áoyè〔동사〕밤새다. 철야하다.
- **重** zhòng〔형용사〕(정도가) 심하다. 크다. 중하다. 심각하다.

질투 병

红眼病

hóng yǎn bìng

红眼病 >> 전염성 급성 결막염.

他一看别人赚钱就有红眼病。
그는 다른 사람이 돈 버는 걸 보기만 하면 질투 병에 걸려.

他有红眼病, 别理他。
걔는 질투 병이 있어. 걔를 상대하지 마.

- 赚 zhuàn 〔동사〕 (돈을) 벌다.
- 钱 qián 〔명사〕 재물. 돈.
- 理 lǐ 〔동사〕 상대하다.

콩깍지가 씌이다
情人眼里出西施
qíng rén yǎn li chū Xī Shī

情人眼里出西施 ≫ 사랑하는 사람에게는 상대편의 곰봇자국도 보조개로 보인다. 제 눈에 안경.

情人眼里出西施，我觉得我老公最帅。

제 눈에 안경이라고 난 내 남편이 젤 잘 생긴 것 같아.

她一点儿也不漂亮，你就是情人眼里出西施。

걔 하나도 안 예뻐. 네 눈에 콩깍지가 씌인거야.

- 情人 qíngrén 〔명사〕 사랑하는 사람. 애인. 연인.
- 西施 Xīshī 〔명사〕 서시. 춘추시대 월왕 구천(越王句踐)이 오왕 부차(鳴王夫差)에게 바친 월나라 미녀. 〔비유〕 미녀. 미인.
- 老公 lǎogōng 〔명사〕 남편

첫눈에 반하다
一见钟情

yí jiàn zhōng qíng

我们是一见钟情。

우리는 첫눈에 반했어.

你相信一见钟情吗?

넌 첫눈에 반하는 걸 믿어?

- **钟情** zhōngqíng 〔동사〕 반하다. 애정을 기울이다. 사랑에 빠지다.
- **相信** xiāngxìn 〔동사〕 믿다. 신임하다. 신뢰하다.

백문이 불여일견이다
百闻不如一见
bǎi wén bù rú yí jiàn

百闻不如一见 >> 백 번 듣는 것보다 한 번 보는 것이 낫다.

听说长城很壮观, 百闻不如一见。

만리장성이 장관이라고 하더니 백문이 불여일견이다.

百闻不如一见, 还是自己去看看吧。

백문이 불여일견이야. 직접 가서 보는 것이 좋을 것 같다.

- 闻 wén〔동사〕듣다.
- 不如 bùrú〔동사〕…만 못하다.
- 长城 Chángchéng '만리장성'의 줄임말.
- 壮观 zhuàngguān〔형용사〕경관이 훌륭하고 장대하다. 장관이다.
- 还是 háishi〔부사〕…하는 편이 (더) 좋다.

남처럼 대하다

见外

jiàn wài

见外 >> 타인 취급하다.

你这样说，太见外了
네가 이렇게 말하면 날 남으로 생각하는 거야.

把这里当成自己的家，不要见外。
이곳을 자기 집이라 생각하고 어려워하지 마세요.

- 当成 dàngchéng 〔동사〕 ⋯(으)로 여기다. ⋯(으)로 삼다.
- 自己 zìjǐ 〔대명사〕 자기. 자신. 스스로.

안목이 있다
有眼光
yǒu yǎn guāng

你很有眼光，这是我们店最好的项链。

당신은 정말 안목이 있군요.
이건 우리 가게에서 제일 좋은 목걸이에요.

他投资方面很有眼光。

그는 투자 방면으로 안목이 있다.

- 眼光 yǎnguāng〔명사〕선견지명. 통찰력. 안목. 식견.
- 项链 xiàngliàn〔명사〕목걸이.
- 投资 tóuzī〔동사〕(특정 목적을 위해) 투자하다. 자금을 투입하다.

안목이 없다
瞎了眼
xiā le yǎn

瞎了眼 >> 눈이 멀다.

我瞎了眼才看上了你。
내가 눈이 멀어서 너한테 반했어.

他瞎了眼, 信错了人!
그는 안목이 없어서 사람을 잘못 믿었다.

- 瞎 xiā 〔동사〕 눈이 멀다. 실명하다.
- 眼 yǎn 〔명사〕 눈. 관찰력. 안목. 식견.
- 看上 kànshàng 〔동사〕 마음에 들다. 눈에 들다. 반하다.
- 信 xìn 〔동사〕 믿다.
- 错 cuò 〔동사〕 틀리다. 맞지 않다.

눈에 띄지 않다

不起眼儿

bù qǐ yǎnr

不起眼儿 >> 볼품없다. 주의를 끌지 못하다.

他长得不起眼儿，其实是个富二代。

그는 볼품없이 생겼는데 사실은 재벌 2세였다.

他看起来不起眼儿，没想到是你们班的第一名。

그가 볼품없어 보였는데 뜻밖에도 너희 반의 1등일 줄이야.

- 其实 qíshí [부사] 기실. 사실.
- 富二代 fù'èrdài [명사][신조어] 재벌 2세.
- 看起来 kànqǐlái 보기에 …하다. 보아하니.
- 第一名 dìyīmíng [명사] 제1위. 일등.

눈은 높고 솜씨는 서툴다
眼高手低
yǎn gāo shǒu dī

现在很多年轻人都眼高手低。

현재 많은 젊은이들은 모두 눈은 높지만 실제 능력은 부족하다.

你这么眼高手低，根本不可能成功。

네가 이렇게 눈만 높고 실력은 서툴러서,
절대 성공 못해.

- 低 dī〔형용사〕낮다.
- 年轻人 niánqīngrén〔명사〕젊은 사람. 젊은이.
- 根本 gēnběn〔부사〕전혀.
- 不可能 bùkěnéng〔동사〕불가능하다. …할 리 없다.
- 成功 chénggōng〔동사〕성공하다. 이루다.

실감 나네

有鼻子有眼儿

yǒu bí zi yǒu yǎnr

有鼻子有眼儿 >> 표현이 생동감 넘치다.

他把那件事说得有鼻子有眼儿的。

그는 그 일을 생동감 넘치게 말했다.

他很会说, 没有的事也说得有鼻子有眼儿的。

그는 말을 아주 잘해서 없는 일도 실감 나게 말한다.

- **鼻子** bízi〔명사〕코.
- **把** bǎ〔개사〕…을(를).
- **会** huì〔동사〕…을(를) 잘하다. …에 뛰어나다(능하다).
- **得** de〔조사〕동사나 형용사 뒤에 쓰여 결과나 정도를 나타내는 보어와 연결시킴.

까막눈

目不识丁

mù bù shí dīng

目不识丁 >> 가장 쉬운 정(丁)자도 모른다. 문맹이다.
낫 놓고 기역자도 모른다. 일자무식이다.

我奶奶没有上过学, 目不识丁。

우리 할머니는 학교에 다니신 적이 없으셔서 글을 모르신다.

他虽然目不识丁, 但是很聪明, 学什么都很快。

그가 비록 까막눈이기는 하지만 똑똑해서 뭘 배워도 매우 빠르다.

- 目 mù〔명사〕눈.
- 识 shí〔동사〕알다. 이해하다. 체득하다.
- 上学 shàngxué〔동사〕학교에 다니다. 등교하다.
- 虽然……但是 suīrán……dànshì〔접속사〕비록…, 하지만….
- 聪明 cōngming〔형용사〕똑똑하다. 총명하다. 영리하다. 영민하다.

다시 보다
刮目相看
guā mù xiāng kàn

刮目相看 >> 눈을 비비고 상대편을 보다. 새로운 안목으로 대하다.

他这次的表现让大家刮目相看。
그의 이번 행동은 모두가 그를 다시 보게 했다.

我们得对他刮目相看了。
우리는 그를 다시 봐야 한다.

- **刮目** guāmù〔동사〕괄목하다. 눈을 비비고 다시 보다.
- **表现** biǎoxiàn〔명사〕태도. 품행. 행동. 표현.
- **让** ràng〔동사〕…하게 하다. …하도록 시키다.

화를 내다
鼻子不是鼻子, 脸不是脸
bí zi bú shì bí zi, liǎn bú shì liǎn

鼻子不是鼻子, 脸不是脸 >> 코가 코가 아니고, 얼굴이 얼굴이 아니다.

他一看我就鼻子不是鼻子, 脸不是脸的。
걔가 날 보자마자 화를 내더라고.

她这几天总是对我鼻子不是鼻子, 脸不是脸的。
그녀는 요 며칠 내내 나에게 무척 화가 나 있다.

- **鼻子** bízi [명사] 코.
- **脸** liǎn [명사] 얼굴.
- **一…就…** yī…jiù… …하자마자 …하다.
- **总是** zǒngshì [부사] 늘. 줄곧. 언제나.

낮말은 새가 듣고 밤말은 쥐가 듣는다

隔墙有耳

gé qiáng yǒu' ěr

隔墙有耳 >> 벽에도 귀가 있다.

你最好不要说别人的坏话，隔墙有耳。

다른 사람의 험담은 하지 않는 것이 가장 좋아.
낮말은 새가 듣고 밤말은 쥐가 듣는 거야.

你没听过隔墙有耳吗? 说话小心点。

낮말은 새가 듣고 밤말은 쥐가 듣는다는 말 들어 본 적 없니?
말을 할 땐 조심해.

- 隔 gé 〔동사〕 사이를(간격을) 두다.
- 墙 qiáng 〔명사〕 담장. 벽.
- 耳 ěr 〔명사〕 귀.
- 最好 zuìhǎo 〔부사〕 가장 바람직한 것은. 제일 좋기는. …하는 게 제일 좋다.
- 坏话 huàihuà 〔명사〕 험담. 욕.
- 小心 xiǎoxīn 〔동사〕 조심하다. 주의하다.

일찍부터 들어 알고 있다
早有耳闻
zǎo yǒu ěr wén

这件事我早有耳闻。

이 일은 내가 일찍이 들어 알고 있다.

虽然第一次见面,但是我对您的大名早有耳闻。

비록 처음 뵈었지만,

저는 당신의 존함을 일찍이 들어 알고 있습니다.

- 耳 ěr〔명사〕귀.
- 闻 wén〔동사〕(들어서) 알다.
- 虽然……但是 suīrán……dànshì〔접속사〕비록…, 하지만….
- 第一次 dìyīcì〔명사〕최초. 맨 처음.
- 大名 dàmíng〔명사〕존함. 고명.

말은 그렇게 해도 맘은 착해

刀子嘴, 豆腐心
dāo zi zuǐ, dòu fu xīn

刀子嘴, 豆腐心 >> 말씨는 칼처럼 날카로워도 마음은 두부처럼 부드럽다.

她这个人就是刀子嘴, 豆腐心。
그녀는 겉은 차가워 보여도 마음은 여려.

别太生气了, 她是刀子嘴, 豆腐心, 其实心很好。
너무 화내지 마.
그녀가 말은 그래도 속은 여려서 마음씨는 고와.

- 刀子 dāozi 〔명사〕칼.
- 豆腐 dòufu 〔명사〕두부.
- 生气 shēngqì 〔동사〕화내다. 성나다.
- 其实 qíshí 〔부사〕기실. 사실.

개 입에서는
개소리 밖에 안 나와
狗嘴里吐不出象牙
gǒu zuǐ lǐ tǔ bù chū xiàng yá

你怎么能这么说话呢,真是狗嘴里吐不出象牙。

너 어떻게 이런 말을 할 수 있니.

정말 개 입에서는 개소리 밖에 안 나오는구나.

他就是狗嘴里吐不出象牙,什么难听的话都说。

개 입에서는 개소리 밖에 안 나와.

그는 어떤 듣기 싫은 말도 다 해.

- 狗 gǒu〔명사〕개.
- 嘴 zuǐ〔명사〕입.
- 吐 tǔ〔동사〕토하다. (내)뱉다. 말하다. 토로하다. 털어놓다.
- 象牙 xiàngyá〔명사〕상아.
- 难听 nántīng〔형용사〕(말이 거칠어) 귀에 거슬리다. 듣기 거북하다.

말대답하다

顶嘴

dǐng zuǐ

他经常和老板顶嘴。

그는 자주 사장님한테 말대꾸를 한다.

妈妈在说你的时候, 你不应该顶嘴。

엄마가 너를 나무랄 때 말대답해선 안 돼.

- 老板 lǎobǎn〔명사〕상점의 주인. 사장
- 顶 dǐng〔동사〕반박하다. 맞서다. 대들다. 말대답하다.
- 说 shuō〔동사〕나무라다. 책망하다. 비판하다. 타이르다. 꾸짖다.
- 不应该 bùyīnggāi …해서는 안 된다.

입방정

乌鸦嘴

wū yā zuǐ

你真是乌鸦嘴,就不能说点儿好话吗?

너 정말 입이 방정맞구나. 좋은 말 좀 할 수 없니?

大家都讨厌他的乌鸦嘴。

모두 그의 입방정을 싫어한다.

- **乌鸦** wūyā〔명사〕까마귀.
- **嘴** zuǐ〔명사〕입.
- **好话** hǎohuà〔명사〕듣기 좋은 말. 칭찬.
- **讨厌** tǎoyàn〔동사〕싫어하다. 미워하다.

겉 다르고 속 다르다

口是心非

kǒu shì xīn fēi

口是心非 >> 말하는 것과 생각하는 것이 다르다. 표리부동하다.

他总是口是心非。

그는 항상 겉과 속이 달라.

他是一个口是心非的人，不要相信他说的。

그는 겉과 속이 다른 사람이야. 그가 하는 말을 믿지 마.

- 非 fēi [동사] …이(가) 아니다. ['不是'에 상당하며, 부정적인 판단을 표시함.]
- 相信 xiāngxìn [동사] 믿다. 신임하다.

입만 열면

口口声声

kǒu kou shēng shēng

口口声声 >> 어떤 말을 늘 입에 담다. 말끝마다.

你口口声声说爱我, 你到底喜欢我什么?

당신은 입만 열면 날 정말 사랑한다고 말하는데
도대체 내 어디가 좋다는 거죠?

你口口声声说我做错了, 难道你没有错吗?

당신은 입만 열면 내가 잘못했다고 하는데
설마 당신은 잘못한 게 없다는 건 아니겠죠?

- 声 shēng 〔명사〕 (목)소리.
- 到底 dàodǐ 〔부사〕 도대체. 〔의문문에 쓰여 깊이 따지는 것을 나타냄.〕
- 错 cuò 〔명사〕 착오. 잘못.
- 难道 nándào 〔부사〕 설마 …란 말인가? 설마 …하겠는가? 설마 …이겠어요? 설마 …는 아니겠지요?

단언하다

一口咬定

yì kǒu yǎo dìng

他一口咬定我就是小偷。

그는 내가 도둑이라고 한마디로 잘라 말했다.

你凭什么一口咬定是我做的?

너는 무슨 근거로 내가 한 거라고 단정 지을 수 있니?

- 咬定 yǎodìng 〔동사〕 잘라 말하다. 단정하다. 단언하다.
- 小偷 xiǎotōu 〔명사〕 좀도둑.
- 凭 píng 〔개사〕 …에 의거하여. …에 근거하여. …에 의해. …에 따라.

입맛에 맞다

合胃口

hé wèi kǒu

合胃口 >> 마음에 들다.

这里的菜不太合胃口。

이곳의 음식은 입맛에 잘 맞지 않네요.

这本小说真的太合我胃口了。

저는 이 소설이 너무 마음에 들어요.

- 合 hé〔동사〕맞다. 어울리다. 부합하다.
- 胃口 wèikǒu〔명사〕식욕. 〔비유〕(어떤 일이나 활동에 대한) 흥미. 구미.
- 小说 xiǎoshuō〔명사〕소설.

식상하다

倒胃口

dǎo wèi kou

倒胃口 >> 물리다. 질리다. 싫증나다.

这个菜看起来真倒胃口。

이 요리는 보기만 해도 질려.

这个节目太倒胃口了。

이 프로그램은 너무 식상하다.

- 倒 dǎo〔동사〕식욕이 떨어지다.
- 胃口 wèikǒu〔명사〕식욕.
- 节目 jiémù〔명사〕프로그램(program).

구미 당기다
吊胃口
diào wèi kǒu

吊胃口 >> 흥미나 욕망이 생겨나게 하다. 궁금증이 생기게 하다.

你快点说, 别再吊胃口了。
좀 빨리 말해. 그만 좀 궁금하게 하고.

你真会吊胃口, 快说是什么事儿?
너 정말 궁금하게 만든다. 무슨 일인지 빨리 말해줘.

- 吊 diào (동사) 걸다. 매달다.

먹을 복이 있다

有口福

yǒu kǒu fú

你真有口福，我们今晚吃烤鸭。

넌 정말 먹을 복 있어.
우리 오늘 저녁에 오리구이 먹을 건데.

他今天来不了聚会，没有口福。

걔 오늘 모임에 못 와. 먹을 복도 없어.

- 口福 kǒufú〔명사〕먹을 복.
- 烤鸭 kǎoyā〔명사〕(통)오리구이.
- 聚会 jùhuì〔명사〕모임.

날로먹는중국어_관용어편

手 脚
肚 肠

大手大脚	141
露一手	142
白手起家	143
一个巴掌拍不响	144
插手	145
脚踏两只船	146
临时抱佛脚	147
拖后腿	148
绊脚石	149
我肚子里的蛔虫	150
心知肚明	151
直肠子	152
热心肠	153
硬骨头	154

你的汉语超级棒！

날로먹는중국어_관용어편

씀씀이가 헤프다

大手大脚

dà shǒu dà jiǎo

大手大脚 >> 돈이나 물건을 헤프게 쓰다. 돈을 물 쓰듯 하다. 손이 크다.

她花钱真是大手大脚。
그녀는 돈 쓰는 게 정말 헤프다.

你要改掉花钱大手大脚的习惯。
넌 돈을 헤프게 쓰는 습관을 고쳐야 돼.

- **脚** jiǎo 〔명사〕 발.
- **花钱** huāqián 〔동사〕 (돈을) 쓰다.
- **改掉** gǎidiào 〔동사〕 고쳐 버리다. 죄다 고치다.
- **习惯** xíguàn 〔명사〕 습관. 버릇. 습성.

솜씨를 보여주다
露一手
lòu yì shǒu

你手艺很好, 露一手吧!
네가 솜씨가 좋으니 한 수 보여줘.

给你露一手, 让你知道什么是高手!
한 수 보여줘서 뭐가 고수인지를 알게 해줄게!

- 露 lòu 〔동사〕 나타나다. 나타내다. 노출하다. 보여주다.
- 手艺 shǒuyì 〔명사〕 손재간. 솜씨.
- 高手 gāoshǒu 〔명사〕 고수. 달인. 명수.

자수성가하다
白手起家
bái shǒu qǐ jiā

白手起家 >> 맨주먹으로 집안을 일으키다.

他白手起家成为百万富翁。

그는 자수성가하여 백만장자가 되었다.

比起富二代，人们更尊敬白手起家的人。

재벌 2세보다 사람들은 자수성가한 사람들을 더 존경한다.

- 白手 báishǒu〔명사〕빈손. 맨주먹.
- 成为 chéngwéi〔동사〕…이(가) 되다. …(으)로 되다.
- 百万富翁 bǎiwànfùwēng 백만장자.
- 比起 bǐqǐ ~와 비교하다.
- 富二代 fù'èrdài〔명사〕재벌 2세.
- 更 gèng〔부사〕더욱. 더. 훨씬.
- 尊敬 zūnjìng〔동사〕존경하다.

손뼉도 마주쳐야 소리가 난다
一个巴掌拍不响
yí ge bā zhang pāi bù xiǎng

你不要说老公有错，一个巴掌拍不响。

남편에게만 잘못이 있다고 말하지 마.
손바닥도 마주쳐야 소리가 나는 법이야.

一个巴掌拍不响，你也有错！

손뼉도 마주쳐야 소리가 나는 법이야.
너한테도 잘못이 있어!

- 巴掌 bāzhang〔명사〕손바닥.
- 拍 pāi〔동사〕(손바닥이나 납작한 것으로) 치다.
- 响 xiǎng〔동사〕소리가 나다. 울리다. 소리를 내다.
- 老公 lǎogōng〔명사〕남편. 신랑.
- 错 cuò〔명사〕착오. 잘못.

끼어들다
插手
chā shǒu

插手 >> 간섭하다.

你不要总插手别人的事儿。
너는 항상 다른 사람 일에 끼어들지 좀 마.

这件事情你不要插手, 我能解决。
이 일에 너는 끼어들지 마. 내가 해결할 수 있어.

- **插** chā 〔동사〕 끼어들다. 끼워 넣다. 개입하다.
- **解决** jiějué 〔동사〕 해결하다. 풀다.

양다리 걸치다

脚踏两只船

jiǎo tà liǎng zhī chuán

因为他脚踏两只船，所以我们分手了。

걔가 양다리를 걸쳐서 우리 헤어졌어.

他竟然脚踏两只船。

그는 뜻밖에도 양다리를 걸쳤다.

- 脚 jiǎo〔명사〕발.
- 踏 tà〔동사〕밟다. 디디다.
- 船 chuán〔명사〕배. 선박.
- 竟然 jìngrán〔부사〕뜻밖에도. 의외로.

급하면 부처를 찾는다
临时抱佛脚
lín shí bào fó jiǎo

临时抱佛脚 >> 평소에 준비하지 않고 있다가 그때가 되어 급하게 서두르다.

你每次都临时抱佛脚, 有什么用?
너는 매번 벼락치기를 하는데 무슨 소용이 있겠니?

临时抱佛脚还是有用的。
벼락치기 해도 소용 있어.

- 临时 línshí〔부사〕그때가 되어. 때에 이르러.
- 抱 bào〔동사〕안다. 껴안다. 포옹하다.
- 佛 fó〔명사〕부처.
- 有用 yǒuyòng〔동사〕쓸모가 있다. 유용하다.

못하게 가로막다

拖后腿

tuō hòu tuǐ

拖后腿 >> 방해하다. 제약하다.

你不要拖后腿，跟我儿子分手吧！
너 발목 잡지 말고 내 아들이랑 헤어져!

孩子要去美国去工作，你别拖后腿。
아이가 미국으로 가서 일하기를 원하니,
너는 절대 그를 가로막지 마라.

- 拖 tuō 〔동사〕 (잡아) 끌다. 끌어(잡아)당기다.
- 后腿 hòutuǐ 〔명사〕 뒷다리.
- 分手 fēnshǒu 〔동사〕 (남녀가) 헤어지다.

걸림돌

绊脚石

bàn jiǎo shí

你是我成功路上的绊脚石。

당신은 내가 성공하는 데 있어 걸림돌이예요.

踢开绊脚石, 好好干吧。

걸림돌을 없애고 열심히 해.

- **绊** bàn 〔동사〕 (발에) 걸리다. 휘감기다.
- **脚** jiǎo 〔명사〕 발.
- **石** shí 〔명사〕 돌.
- **成功** chénggōng 〔동사〕 성공하다. 이루다.
- **路上** lùshang 〔명사〕 길 가는 중. 도중. 중도.
- **踢开** tīkāi 〔동사〕 차버리다.
- **干** gàn 〔동사〕 일을 하다.

나를 훤히 잘 안다
我肚子里的蛔虫
wǒ dù zi li de huí chóng

我肚子里的蛔虫 >> 내 뱃속의 회충.

你是我肚子里的蛔虫，我想什么你都知道。

넌 날 너무 잘 알아. 내가 무슨 생각을 하는지 다 안다니까.

他太了解我了，简直是我肚子里的蛔虫。

그는 저를 너무 잘 알아서 저를 훤히 다 들여다봐요.

- 肚子 dùzi 〔명사〕 배.
- 蛔虫 huíchóng 〔명사〕 회충.
- 了解 liǎojiě 〔동사〕 자세하게 알다. 이해하다.
- 简直 jiǎnzhí 〔부사〕 그야말로. 정말로. 참으로.

잘 알고있다
心知肚明
xīn zhī dù míng

他们吵架的原因我们都心知肚明。

그들이 말다툼한 원인을 우리는 잘 알고 있다.

我们都心知肚明他是骗人的。

우리는 그가 속이고 있다는 것을 잘 알고 있어요.

- 知 zhī〔동사〕알다. 이해하다.
- 肚 dù〔명사〕배. 복부.
- 明 míng〔형용사〕명백하다. 확실하다. 분명하다. 뚜렷하다.
- 吵架 chǎojià〔동사〕말다툼하다. 다투다.
- 原因 yuányīn〔명사〕원인.
- 骗人 piànrén〔동사〕남을 속이다

솔직한 사람
直肠子
zhí cháng zi

直肠子 >> 직설적인 사람.

他是个直肠子, 经常有话直说。
그는 직설적인 사람이라 항상 할 말 있으면 직설적으로 말해요.

我朋友是个直肠子, 经常得罪别人。
내 친구는 직설적인 사람이라서 자주 다른 사람의 미움을 산다.

- **直** zhí 〔형용사〕 솔직하다. 거리낌이 없다.
- **肠子** chángzi 〔명사〕 장(腸). 창자. 〔비유〕 마음. 마음씨. 심보. 심성.
- **得罪** dézuì 〔동사〕 미움을 사다. 노여움을 사다. 기분을 상하게 하다.

마음이 따뜻한 사람
热心肠
rè xīn cháng

他喜欢帮助别人，是个热心肠。

그는 남을 돕는 걸 좋아하는 마음이 따듯한 사람이야.

人们都喜欢热心肠的人。

사람들은 모두 따뜻한 마음씨를 지닌 사람을 좋아한다.

- **热** rè 〔형용사〕 덥다. 뜨겁다.
- **心肠** xīncháng 〔명사〕 마음씨. 마음 씀씀이.
- **帮助** bāngzhù 〔동사〕 돕다.

의지가 굳고 강직한 사람

硬骨头

yìng gǔ tou

他是个硬骨头，说什么都没用。

그는 의지가 굳고 강직한 사람이라 무슨 말을 해도 소용없어.

他脾气犟，是个硬骨头。

그는 고집이 세고 강직한 사람이다.

- **硬** yìng〔형용사〕단단하다. 딱딱하다. 경화되다. 견고하다. 굳다.
- **骨头** gǔtou〔명사〕뼈.
- **脾气** píqi〔명사〕성격. 성질. 성미. 기질.
- **犟** jiàng〔형용사〕고집세다. 고집스럽다. 완강하다.

날로먹는중국어_관용어편

话 说 唱

说到做到	169	废话	157
说话不算数	170	说风凉话	158
说了算	171	说梦话	159
说来话长	172	别做梦了	160
话说回来	173	说实话	161
二话没说	174	实话实说	162
好说歹说	175	话不投机半句多	163
说不到一块儿	176	公说公有理,婆说婆有理	164
说曹操,曹操到	177	丑话说在前头	165
说得比唱得还好听	178	三句话不离本行	166
唱高调	179	胡说八道	167
		说一套,做一套	168

你的汉语水平提高了很多!

날로먹는중국어_관용어편

쓸데없는 말
废话
fèi huà

我觉得你最近废话越来越多。

너 요즘 쓸데없는 말이 많아진 것 같아.

你说的都是废话, 都是没有用的。

네가 한 말은 전부 다 허튼소리라 다 쓸데없는 거야.

- 废 fèi〔형용사〕쓸모없는. 못 쓰게 된.
- 话 huà〔명사〕말.
- 越来越 yuèláiyuè〔부사〕더욱더. 점점. 갈수록.

비아냥거리다
说风凉话
shuō fēng liáng huà

说风凉话 >> 빈정대다. 비꼬다.

你怎么能说风凉话呀。

네가 어떻게 비아냥거릴 수가 있니.

少说风凉话, 快来帮忙。

빈정거리지 말고, 빨리 와서 도와줘.

- **风凉** fēngliáng 〔형용사〕 서늘하다. 시원하다.
- **话** huà 〔명사〕 말.
- **风凉话** fēngliánghuà 〔명사〕 조롱하는 말. 찬물을 끼얹는 말. 초치는 말. 비아냥거리는 말. 비꼬는 말. 냉소적인 말.
- **帮忙** bāngmáng 〔동사〕 일(손)을 돕다. 도움을 주다. 거들어 주다.

잠꼬대를 하다

说梦话

shuō mèng huà

你想当明星，说什么梦话呢？

스타가 되고 싶다고? 무슨 잠꼬대 같은 소릴 하고 있어.

你还想借钱，别说梦话了！

또 돈을 빌리고 싶다고? 얼토당토않은 말하지 마!

- **梦话** mènghuà〔명사〕잠꼬대.〔비유〕잠꼬대 같은 소리. 허망한(실현 불가능한) 말. 얼토당토않은 말.
- **当** dāng〔동사〕담당하다. 맡다. …이(가) 되다.
- **明星** míngxīng〔명사〕〔비유〕샛별. 스타(star). (유명한 연예인·운동선수·기업인 등을 이름)
- **借** jiè〔동사〕빌리다.

꿈 깨

别做梦了

bié zuò mèng le

别做梦了 >> 꿈도 꾸지마. 꿈도 야무지다.

他根本不喜欢你，别做梦了。

그는 전혀 널 좋아하지 않으니 꿈 깨.

你想要天上掉馅儿饼，别做梦了。

너는 하늘에서 돈 떨어지길 바라니? 꿈도 야무지다.

- **做梦** zuòmèng 〔동사〕 꿈을 꾸다.
- **根本** gēnběn 〔부사〕 전혀. 도무지. 아예. 〔주로 부정형으로 쓰임.〕
- **天上掉馅儿饼** tiānshàngdiàoxiànrbǐng (공짜나 횡재 등이) 하늘에서 떨어지다. 호박이 넝쿨째 굴러떨어지다. 떡이 저절로 입에 들어오다.
- **馅儿饼** xiànrbǐng 〔명사〕 고기나 야채 소를 넣은 중국식 호떡.

솔직히 말하면
说实话
shuō shí huà

说实话 >> 진실을 말하다. 사실대로 말하다.

你能不能说实话？
너 솔직히 말해 줄 수 없겠니?

说实话，今天的菜不怎么样。
솔직히 말해서 오늘 음식 별로야.

- **实话** shíhuà〔명사〕실화. 참말. 솔직한 말.
- **不怎么样** bùzěnmeyàng 그리 좋지 않다. 보통이다. 평범하다.

사실대로 말하다
实话实说
shí huà shí shuō

实话实说 >> 솔직히 말하면

我实话实说你的男朋友很抠门儿。
솔직히 말해서 네 남자친구 너무 짜.

实话实说你最近又胖了。
솔직히 말하면 너 요즘 또 살쪘어.

- **实说** shíshuō〔동사〕사실대로 말하다. 솔직히 말하다.
- **抠门儿** kōuménr〔형용사〕인색하다.
- **又** yòu〔부사〕또. 다시. 거듭.
- **胖** pàng〔형용사〕뚱뚱하다.

견해가 다르면 서로 이야기할 수 없다

话不投机半句多

huà bù tóu jī bàn jù duō

话不投机半句多 >> 말이 통하지 않으면 반 마디 말도 낭비이다.

我们俩话不投机半句多。
우리 두 사람은 말이 안 통해서 이야기해 봤자 시간 낭비야.

我不想跟他喝酒，话不投机半句多。
난 그와 술 마시기 싫어. 생각이 다르니 말이 안 통해.

- **投机** tóujī 〔형용사〕 견해가 일치하다. 의기투합하다.
- **半句** bànjù 〔명사〕 반구(半句). 반 마디 말. 일언반구(一言半句).
- **跟** gēn 〔개사〕 …와(과).

각자 자기의 주장이 옳다고 주장한다

公说公有理, 婆说婆有理

gōng shuō gōng yǒu lǐ, pó shuō pó yǒu lǐ

公说公有理, 婆说婆有理 >> 시아버지는 시아버지가 옳다고 하고 시어머니는 시어머니대로 옳다고 한다. 시비를 가리기가 쉽지 않다.

他们两个人公说公有理婆说婆有理, 听起来都有道理。

그들 두 사람은 각자 자기주장이 옳다고 주장하는데 들어보면 둘 다 일리가 있어.

公说公有理婆说婆有理, 我们到底应该听谁的呢?

각자 자기 말이 옳다고 하니
우리는 도대체 누구 말을 들어야 하는 거야?

- 公公 gōnggong 〔명사〕 시아버지.
- 婆婆 pópo 〔명사〕 시어머니.
- 有理 yǒulǐ 〔동사〕 이유가 있다. 도리(이치)에 맞다.
- 道理 dàoli 〔명사〕 도리. 이치. 일리.
- 到底 dàodǐ 〔부사〕 도대체. 〔의문문에 쓰여 깊이 따지는 것을 나타냄.〕
- 应该 yīnggāi 〔동사〕 …해야 한다. …하는 것이 마땅하다.

툭 터놓고 말하면
丑话说在前头
chǒu huà shuō zài qián tou

丑话说在前头 >> 듣기 싫은 소리를 먼저 말하다. 단도직입적으로 말하자면.

丑话说在前头, 这是最后一次借给你钱。

싫은 소리 먼저 할게,
이번이 마지막으로 너한테 돈 빌려주는 거야.

丑话说在前头, 出了问题, 你自己负责。

툭 터놓고 말해서,
문제가 생기면 스스로 책임지세요.

- **丑话** chǒuhuà 〔명사〕 뼈 있는 말. 귀에 거슬리는 말. 단도직입적인 말. 꾸밈없이 솔직한 말.
- **前头** qiántou 〔명사〕 앞.
- **最后** zuìhòu 〔명사〕 최후. 맨 마지막.
- **借** jiè 〔동사〕 빌려 주다. 꾸어 주다. 빌리다.
- **负责** fùzé 〔동사〕 책임지다.

직업은 못 속여
三句话不离本行
sān jù huà bù lí běn háng

三句话不离本行 >> 사람은 항상 자기 직업과 관련된 일을 얘기하기 마련이다.

你说话总是三句话不离本行。
넌 입만 열었다 하면 일 얘기만 하고 직업은 못 속인다니까.

他三句话不离本行, 我们根本沟通不了。
그는 입만 열었다 하면 일 얘기만 해서 우리는 전혀 소통이 안 돼.

- **本行** běnháng 〔명사〕 현재 종사하는 일(직업). 본업. 본직.
- **沟通** gōutōng 〔동사〕 의견을 나누다. 소통하다.

헛소리를 하다
胡说八道
hú shuō bā dào

胡说八道 >> 터무니없는 말을 하다.

他一喝酒就胡说八道。
그는 술만 마시면 헛소리를 한다.

我不想再听你胡说八道了。
난 더 이상 네 헛소리를 듣고 싶지 않아.

- **胡** hú 〔부사〕 근거 없이. 함부로. 아무렇게나. 멋대로.
- **一…就…** yī…jiù… …하자마자 …하다. …하기만 하면 …하다.

말과 행동이 다르다
说一套, 做一套
shuō yí tào , zuò yí tào

他是个两面派, 老是说一套, 做一套。

그는 이중적인 사람이라 늘 말과 행동이 달라.

你不要相信他, 他是说一套做一套。

그는 말과 행동이 다르니 그를 믿지 마.

- **一套** yítào 세트, 한 벌.
- **两面派** liǎngmiànpài 〔명사〕 표리부동한 사람. 양면적인 사람.
- **老是** lǎoshi 〔부사〕 언제나. 늘. 항상. 줄곧.
- **相信** xiāngxìn 〔동사〕 믿다. 신임하다. 신뢰하다.

한 말은 꼭 지킨다
说到做到
shuō dào zuò dào

说到做到 >> 말한 것을 반드시 실행에 옮기다.

做人要诚实，要说到做到。
좋은 사람이 되려면 진실해야 하고
말한 것을 실행에 옮겨야 한다.

他是个说到做到的人。
그는 한 말은 꼭 지키는 사람이야.

- **做人** zuòrén 〔동사〕 좋은 사람이 되다. 인간이 되다.
- **诚实** chéngshí 〔형용사〕 진실하다. 참되다. 성실하다.

말만 하고 지키지 않는다

说话不算数

shuō huà bú suàn shù

你怎么说话不算数!

넌 어떻게 말만 하고 지키질 않니!

说话不算数的人让人讨厌!

자기가 한 말에 책임지지 않는 사람은 다들 싫어한다.

- 算数 suànshù 〔동사〕 숫자를 세다. 수를 헤아리다. 한 말을 책임지다. 말한 대로 하다.
- 讨厌 tǎoyàn 〔동사〕 싫어하다. 미워하다. 혐오하다.

결정권을 가지다
说了算

shuō le suàn

你家里谁说了算?

너희 집은 누가 결정권을 가지고 있니?

我说了不算, 大家说了才算。

제겐 결정권이 없어요. 모두에게 결정권이 있지요.

- **算** suàn〔동사〕(유효하다고) 인정하다. 책임을 지다. 말한 대로 하다.
- **大家** dàjiā〔대명사〕모두. 다들.

말하자면 길다
说来话长
shuō lái huà cháng

说来话长 >> 이야기하자면 끝이 없다. 한두 마디의 말로는 설명이 불가능하다.

说来话长, 还是不说了。
말하자면 끝이 없으니 말 안 할래요.

这件事情说来话长, 你坐下慢慢听我说。
이 일은 말하자면 길으니 앉아서 천천히 제 말을 들으세요.

- 还是 háishi 〔부사〕 …하는 편이 (더) 좋다.
- 慢慢 mànmàn 〔부사〕 천천히. 느릿느릿. 차츰.

다시 말해서
话说回来
huà shuō huí lái

话说回来 >> 말을 원점으로 다시 돌려 이야기하면.

他总是好心办坏事,话说回来,他是个热心肠。
그는 늘 좋은 뜻으로 했다가 미움을 사곤 해.
다시 말하자면 그는 마음씨가 따뜻하다는 거지.

不要把父母的话当耳旁风,话说回来,他们都是为你好。
부모님의 말을 귓등으로 흘려듣지 마.
다시 말해서 다 너 잘 되라고 그러시는 거야.

- 回来 huílái〔동사〕되돌아오다.
- 总是 zǒngshì〔부사〕늘. 줄곧. 언제나.
- 好心办坏事 hǎoxīnbànhuàishì 좋은 의도로 한 일이 오히려 나쁜 결과를 낳다.
- 热心肠 rèxīncháng〔명사〕적극적이고 따뜻한 마음씨. 열성. 열의.
- 当耳旁风 dāngěrpángfēng 타인의 의견을 귀담아듣지 않다. 마이동풍.
- 为 wèi〔개사〕…에게 (…을 해 주다). …을 위하여 (…을 하다).

두말하지 않다
二话没说
èr huà méi shuō

他二话没说, 马上借我钱了。

그는 두말할 것 없이 바로 내게 돈을 빌려줬다.

他二话没说就同意了。

그는 두말없이 동의했다.

- 马上 mǎshàng〔부사〕곧. 즉시. 바로. 금방.
- 借 jiè〔동사〕빌려주다.
- 同意 tóngyì〔동사〕동의하다. 승인하다. 찬성하다.

입이 닳도록 설득하다

好说歹说

hǎo shuō dǎi shuō

我好说歹说, 他还是不听我的。

내가 입이 닳도록 말해도 그는 여전히 내 말을 듣지 않아.

我好说歹说, 他终于同意了我的想法。

내가 입이 닳도록 설득한 끝에 그는 마침내 내 생각에 동의했다.

- **歹** dǎi 〔형용사〕 나쁘다. 안 좋다. 악하다.
- **还是** háishi 〔부사〕 여전히. 아직도.
- **终于** zhōngyú 〔부사〕 마침내. 결국. 끝내.
- **同意** tóngyì 〔동사〕 동의하다. 찬성하다. 승인하다. 허락하다.
- **想法** xiǎngfǎ 〔명사〕 생각. 의견. 견해.

말이 통하지 않다
说不到一块儿
shuō bu dào yí kuàir

说不到一块儿 >> 의견이 맞지 않다.

我们两个没有共同语言,说不到一块儿。
우리 두 사람은 공감대가 없어서 말이 통하지 않아.

他们因为说不到一块儿离婚了。
그들은 말이 안 통해서 이혼했어.

- 一块儿 yíkuàir〔부사〕함께. 같이.
- 共同语言 gòngtóngyǔyán〔명사〕공통어.〔공통된 생각·인식·취미〕
- 离婚 líhūn〔동사〕이혼하다.

호랑이도 제 말하면 오다
说曹操, 曹操到
shuō Cáo Cāo, Cáo Cāo dào

说曹操, 曹操到 >> 조조(曹操)를 말하고 있는데 바로 조조가 나타나다. 매우 공교롭다.

真是说曹操, 曹操到, 他马上就来了。

정말 호랑이도 제 말하면 온다고 그는 곧바로 왔다.

说曹操, 曹操到, 老板就到楼下了。

호랑이도 제 말하면 온다고 사장님은 건물 밑에 계셔.

- 曹操 CáoCāo 〔명사〕〔역사〕 조조(155~220년). (중국 삼국시대의 정치가 · 군사 전략가 · 시인)
- 到 dào 〔동사〕 도달하다. 도착하다.
- 马上 mǎshàng 〔부사〕 곧. 즉시. 바로. 금방.
- 老板 lǎobǎn 〔명사〕 주인. 경영자. 사장.
- 楼下 lóuxià 〔명사〕 아래층. 아랫집. 건물 아래.

입만 살아가지고

说得比唱得还好听

shuō de bǐ chàng de hái hǎo tīng

说得比唱得还好听 >> 말하는 것이 노래하는 것보다 훨씬 듣기 좋다.

说得比唱得还好听, 有本事你来处理。

말은 잘하네. 재주 있으면 네가 처리해봐.

说得比唱得还好听, 你不好好学习怎么能找到好工作呢。

입만 살아가지고. 네가 열심히 공부하질 않는데 어떻게 좋은 직장을 구할 수 있겠어.

- 唱 chàng〔동사〕노래하다.
- 好听 hǎotīng〔형용사〕(소리가) 듣기 좋다. 감미롭다.
- 本事 běnshi〔명사〕능력. 재능. 기량. 수완. 재주.
- 处理 chǔlǐ〔동사〕처리하다. (사물을) 안배하다. (문제를) 해결하다.
- 怎么能~呢 zěnme néng~ne 어떻게~할 수 있나요.

말만 번지르르하다
唱高调
chàng gāo diào

唱高调 >> 흰소리한다.

做事情不要唱高调，要努力！
일을 할 때 말만 번지르르하지 말고 노력을 해야 한다.

我一看他就是个爱唱高调的人。
내가 딱 보니까 그는 말만 번지르르한 사람이야.

- **高调** gāodiào〔명사〕높은 음조. 〔비유〕탁상공론. 그럴싸한 말. 번지르르한 말.

记录 memo

날로먹는중국어_관용어편

恋爱亲

谈恋爱	183
初恋	184
早恋	185
姐弟恋	186
黄昏恋	187
单相思	188
相亲	189
找对象	190
远亲不如近邻	191
亲兄弟，明算账	192
打是亲，骂是爱	193

你最近进步非常大!

날로먹는중국어_관용어편

연애하다
谈恋爱

tán liàn'ài

我最近谈恋爱了。

나는 요즘 연애를 한다.

我只想谈恋爱，不想结婚。

난 연애만 하고 싶지 결혼은 하고 싶지 않아.

- **谈** tán 〔동사〕 말하다. 이야기하다.
- **恋爱** liàn'ài 〔명사〕 연애.
- **最近** zuìjìn 〔명사〕 최근. 요즈음.
- **只** zhǐ 〔부사〕 단지. 다만. 오직.

첫사랑

初恋

chū liàn

初恋让人忘不了。

첫사랑은 잊을 수가 없어요.

她是我的初恋。

그녀는 나의 첫사랑이다.

- 初 chū〔형용사〕처음의. 최초의. 첫 번째의.
- 忘 wàng 동사 잊다. 망각하다.
- …不了 …buliǎo 그렇게 될 수는 없다. …할 수가 없다.

풋사랑

早恋

zǎo liàn

早恋 >> 이른(어린) 나이에 연애하다.

我妈觉得早恋会影响学习。

우리 엄마는 이른 나이에 하는 연애는 공부에 영향을 준다고 생각하신다.

老师和家长总是担心孩子早恋。

선생님과 학부모들은 늘 아이들이 어린 나이에 연애할까 염려한다.

- 早 zǎo (형용사) (때가) 이르다. 빠르다.
- 家长 jiāzhǎng (명사) (미성년의) 학부모. 보호자.
- 影响 yǐngxiǎng (동사) 영향을 주다(끼치다).
- 担心 dānxīn (동사) 염려하다. 걱정하다.

연상연하 커플

姐弟恋

jiě dì liàn

姐弟恋 >> 여자가 남자보다 나이가 많은 연인을 이르는 말.

他们是姐弟恋。
그들은 연상연하 커플이다.

最近姐弟恋越来越多了。
요즘 연상연하 커플이 점점 더 많아지고 있다.

- 姐 jiě 〔명사〕 언니. 누나.
- 弟 dì 〔명사〕 남동생. 아우.
- 越来越 yuèláiyuè 〔부사〕 더욱더. 점점. 갈수록.

황혼 연애

黄昏恋

huáng hūn liàn

他爸爸都已经八十一岁了,还想谈场黄昏恋。

그의 아빠는 이미 81살이신데도 황혼 연애를 하고 싶어 하세요.

家人反对奶奶的黄昏恋。

식구들은 할머니의 황혼 연애를 반대한다.

- 黄昏 huánghūn〔명사〕황혼. 해질 무렵.
- 场 chǎng〔양사〕회(回). 번. 차례.
- 家人 jiārén〔명사〕〔문어〕한 집안 식구. 일가. 집안 사람.
- 反对 fǎnduì〔명사, 동사〕반대(하다)

짝사랑

单相思

dān xiāng sī

我对他没意思, 他是单相思。

난 걔한테 관심 없는데 걔가 짝사랑하는 거야.

你不要单相思了, 直接告诉他。

혼자 짝사랑만 하고 있지 말고 그에게 직접 말해.

- 单 dān〔형용사〕혼자의. 단독의.
- 相思 xiāngsī〔동사〕상사하다. 서로 사모하다. 서로 그리워하다.
- 直接 zhíjiē〔형용사〕직접적인.
- 告诉 gàosu〔동사〕말하다. 알리다.

맞선을 보다
相亲
xiāng qīn

我们是相亲认识的。

우리는 맞선을 통해 알게 되었다.

你今天是不是相亲？穿得太漂亮了！

오늘 맞선 보는 거 아냐? 너무 예쁘게 입었어.

- **认识** rènshi〔동사〕알다. 인식하다.
- **穿** chuān〔동사〕입다.

배우자를 찾다

找对象

zhǎo duì xiàng

找对象 >> 반쪽을 찾다.

找对象不容易。

결혼할 사람 찾는 건 쉽지 않아.

你都三十了, 要赶紧找对象啊!

벌써 서른이야. 얼른 결혼할 사람을 찾아야지.

- **对象** duìxiàng 〔명사〕 (연애 · 결혼의) 상대.
- **赶紧** gǎnjǐn 〔부사〕 서둘러. 재빨리. 황급히. 얼른. 어서.

먼 친척보다 가까운 이웃이 더 낫다

远亲不如近邻

yuǎn qīn bù rú jìn lín

远亲不如近邻 >> 먼 친척은 가까운 이웃만 못하다.

谢谢你照顾我爸爸, 真是远亲不如近邻啊。

우리 아빠 돌봐주셔서 고마워요.
정말 먼 친척보다 가까운 이웃이 더 낫다니까요.

远亲不如近邻, 我们应该互相帮忙。

먼 친척보다 가까운 이웃이 낫다잖아요. 서로 도와야지요.

- **远亲** yuǎnqīn〔명사〕먼 곳에 사는 친척.
- **不如** bùrú〔동사〕…만 못하다.
- **近邻** jìnlín〔명사〕가까운 이웃. 붙어사는 이웃.
- **照顾** zhàogù〔동사〕돌보다. 보살펴 주다.
- **应该** yīnggāi〔동사〕마땅히 …해야 한다.
- **互相** hùxiāng〔부사〕서로. 상호.
- **帮忙** bāngmáng〔동사〕일(손)을 돕다. 원조하다. 일을 거들어 주다.

친형제 간에도 계산은 분명해야 한다

亲兄弟，明算账

qīn xiōng dì, míng suàn zhàng

亲兄弟，明算账，快还钱！

친형제간에도 계산은 분명해야 하는 거야. 빨리 돈 갚아.

亲兄弟，明算账，我们还是说清楚吧。

친형제라 하더라도 계산은 분명히 해야 되니까. 분명히 말하는 게 좋을 것 같아.

- 亲 qīn 〔형용사〕 같은 혈통의.
- 兄弟 xiōngdì 〔명사〕 형과 아우. 형제.
- 明 míng 〔형용사〕 명백하다. 확실하다. 분명하다. 뚜렷하다.
- 算账 suànzhàng 〔동사〕 계산하다.
- 还 huán 〔동사〕 돌려주다. 갚다. 반납하다. 상환하다.
- 还是 háishi 〔부사〕 '…하는 편이 (더) 좋다'는 뜻을 나타냄
- 清楚 qīngchu 〔부사〕 분명하게

때리는 것도 꾸짖는 것도 모두 사랑하기 때문이다
打是亲, 骂是爱
dǎ shì qīn, mà shì ài

打吧, 打吧, 打是亲, 骂是爱。
때려. 때려. 때리는 것도 욕하는 것도 다 애정이 있는 거니까.

打是亲, 骂是爱, 我要是不打你, 就是不爱你。
때리는 것도 욕하는 것도 다 사랑해서야.
만약 내가 널 안 때리면 널 사랑하지 않는 거야.

- 亲 qīn [형용사] 관계가 밀접하다. 사이가 좋다.
- 骂 mà [동사] 욕하다. 질책하다. 꾸짖다. 따지다.
- 要是 yàoshi [접속사] 만약. 만약 …이라면(하면).

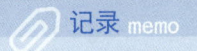

날로먹는중국어_관용어편

吃饭
菜酒

吃闭门羹	210	人是铁, 饭是钢	197
小菜一碟	211	没有免费的午餐	198
一锅粥	212	吃大锅饭	199
挑食	213	铁饭碗	200
耍酒疯	214	白吃饭	201
僧多粥少	215	家常便饭	202
吃鸭蛋	216	吃醋	203
饭来张口, 衣来伸手	217	吃错药	204
心急吃不了热豆腐	218	不可救药	205
生米煮成熟饭	219	吃不了, 兜着走	206
酒逢知己千杯少	220	吃一堑, 长一智	207
不醉不归	221	软硬不吃	208
醉翁之意不在酒	222	吃哑巴亏	209

加油，你的汉语是最好的!

날로먹는중국어_관용어편

사람은 밥심으로 사는 거야

人是铁, 饭是钢

rén shì tiě, fàn shì gāng

人是铁, 饭是钢 >> 사람은 밥을 먹어야 일을 해낼 수 있다.

人是铁, 饭是钢, 不吃饭哪有力气工作。
사람은 밥심으로 사는 거야.
밥을 안 먹으면 일할 기운이 어딨어.

要减肥也得吃饭啊。人是铁, 饭是钢。
다이어트를 해도 밥은 먹어야지.
사람은 밥을 먹어야 뭐든 할 수 있는 거야.

- **铁** tiě 〔명사〕 쇠. 철.
- **钢** gāng 〔명사〕 강철.
- **哪有** nǎyǒu 어디에 있어.
- **减肥** jiǎnféi 〔동사〕 살을 빼다. 다이어트하다.

세상에 공짜는 없다

没有免费的午餐

méi yǒu miǎn fèi de wǔ cān

没有免费的午餐 >> 거저 되는 일은 없다.

白给的东西不能要，因为世上没有免费的午餐。

공짜로 주는 물건 받지 마. 세상에 공짜는 없으니까.

天下没有免费的午餐，你小心点儿。

세상에 공짜는 없는 법이야. 조심해!

- 免费 miǎnfèi 〔동사〕 돈을 받지 않다. 무료로 하다.
- 午餐 wǔcān 〔명사〕 점심(밥). 오찬.
- 白给 báigěi 〔동사〕 공짜로 주다. 거저 주다.
- 小心 xiǎoxīn 〔동사〕 조심하다. 주의하다.

같은 보수를 받다

吃大锅饭

chī dà guō fàn

吃大锅饭 >> (능력·공헌에 관계 없이) 같은 대우나 보수를 받다.

吃大锅饭有好处, 也有坏处。
같은 보수를 받는 건 좋은 점도 있고 나쁜 점도 있어.

都什么时代了, 还想吃大锅饭。
시대가 어떤 시대인데 아직도 똑같은 대우를 받겠다고?

- 锅 guō〔명사〕솥. 냄비. 가마.
- 好处 hǎochu〔명사〕장점. 좋은 점.
- 坏处 huàichu〔명사〕나쁜 점. 결점. 해로운 점.
- 时代 shídài〔명사〕시대.

철밥통

铁饭碗

tiě fàn wǎn

铁饭碗 >> 확실한 직업. 평생 직업(주로 국영 기업체 직장을 가리킴).

他是一名公务员，工作很稳定，是个铁饭碗。

그는 공무원이라서 직업이 안정적이니 확실한 직업이다.

父母希望我找个铁饭碗。

부모님은 내가 평생직장을 구하길 바라셔.

- **铁** tiě (명사) 쇠. 철.
- **碗** wǎn (명사) 사발. 공기. 주발. 그릇.
- **公务员** gōngwùyuán (명사) 공무원.
- **稳定** wěndìng (형용사) 안정적이다.

일하지 않고 공짜 밥만 먹는다
白吃饭
bái chī fàn

快找工作，不要在家里白吃饭。

빨리 일자리를 구해. 집에서 밥만 축내지 말고.

现在很多年轻人白吃饭，不干活。

요즘 많은 젊은이들은 공짜 밥만 먹을 줄 알지 일을 하려 하지 않는다.

- 白 bái (부사) 공짜로. 대가 없이. 무료로. 거저.
- 年轻人 niánqīngrén (명사) 젊은 사람. 젊은이.
- 干活 gànhuó (동사) 육체노동을 하다. 일을 하다.

다반사
家常便饭
jiā cháng biàn fàn

家常便饭 >> 집에서 일상적으로 먹는 보통 식사. 흔히 있는 일.

他经常受伤, 这都是家常便饭。

그는 자주 다치는데 이런 일은 다반사다.

家常便饭, 随便吃吃吧。

집에서 평상시 먹는 음식이니 편하게 드세요.

- 受伤 shòushāng〔동사〕부상당하다. 부상을 입다. 상처를 입다.
- 家常 jiācháng〔형용사〕평상의. 보통의. 일상의.
- 便饭 biànfàn〔명사〕일반 식사. 보통 식사. 평소 식사. 간단한 식사.
- 随便 suíbiàn〔부사〕마음대로. 좋을 대로. 자유로이. 함부로. 제멋대로. 그냥 편한 대로. 아무렇게나.

질투하다

吃醋

chī cù

我女朋友特别爱吃醋。

내 여자친구는 유달리 질투를 잘 한다.

她这么做是因为吃醋了。

그녀가 이러는 건 질투 때문이야.

- **醋** cù〔명사〕식초. 초.〔비유〕(주로 남녀 관계에서) 질투. 샘.
- **特别** tèbié〔부사〕유달리. 각별히. 특별히. 아주.
- **因为** yīnwèi〔개사〕…때문에. …로 인하여

뭐 잘못 먹었니?

吃错药

chī cuò yào

吃错药 >> 약을 잘못 먹다.

他今天吃错药了, 脾气这么大。

쟤 오늘 뭐 잘못 먹은 것 같아. 성질을 이렇게 부리고 말이야.

你吃错药了, 怎么突然对我这么好?

뭐 잘못 먹었니? 왜 갑자기 나한테 이렇게 잘해?

- **错** cuò 〔동사〕 틀리다. 맞지 않다.
- **药** yào 〔명사〕 약. 약물.
- **脾气** píqi 〔명사〕 성깔. 화를 잘 내는 성질.
- **突然** tūrán 〔부사〕 갑자기. 별안간. 돌연히.

구제불능

不可救药

bù kě jiù yào

不可救药 >> 병이 심해서 치료할 방법이 없다.
(사람이나 사물이) 만회할 수 없는 지경에 이르다.

你真是不可救药了。

너 정말 구제불능이구나.

他沉迷赌博，不可救药。

그는 도박에 중독되어 빠져나올 수 없는 지경에 이르렀다.

- 救药 jiùyào 〔동사〕 질병을 치료하다.
- 沉迷 chénmí 〔동사〕 깊이 빠지다. 깊이 탐닉하다. 미혹되다.
- 赌博 dǔbó 〔동사〕 노름하다. 도박하다.

문제가 생기면 끝까지 책임져야 한다
吃不了, 兜着走
chī bu liǎo, dōu zhe zǒu

吃不了, 兜着走 >> 다 먹을 수 없어 싸 가지고 가다. 감당해 낼 수 없다. 이겨 낼 수 없다. 견딜 수 없다.

不要惹我, 要不然让你吃不了兜着走。

날 건드리지 마. 그렇지 않으면 네가 감당 안 될 거야.

不要插手别人的事儿, 出了事儿你可吃不了, 兜着走。

다른 사람 일에 끼어들지 마.
문제가 생기면 네가 다 책임져야 돼.

- 兜 dōu〔동사〕(자루·주머니 형태로 물건을) 싸다.
- 惹 rě〔동사〕(언행이) 상대방의 기분을 건드리다.
- 要不然 yàoburán 그렇지 않으면.
- 插手 chāshǒu〔동사〕도와서 일을 하다. 개입하다. 끼어들다. 간섭하다.
- 出事儿 chūshìr 일이 나다.

아픔만큼 성숙해진다
吃一堑, 长一智
chī yí qiàn, zhǎng yí zhì

吃一堑, 长一智 >> 한 번 좌절을 맛보면 한 가지 지혜가 생긴다.

吃一堑, 长一智, 以后一定要小心。
한 번 좌절을 맛보면 한 가지 지혜가 생긴다고,
앞으로 반드시 조심해야 돼.

经历了这件事, 我成熟了很多, 真是吃一堑, 长一智。
이 일을 겪고 나는 많이 성숙해졌어.
정말 아픈 만큼 성숙해지는 거야.

- **堑** qiàn 〔명사〕〔비유〕 실패. 좌절.
- **智** zhì 〔명사〕 지력. 지혜. 슬기.
- **小心** xiǎoxīn 〔동사〕 조심하다. 주의하다. 신중하게 하다.
- **经历** jīnglì 〔동사〕 몸소 겪다. 체험하다. 경험하다.
- **成熟** chéngshú 〔형용사〕 성숙하다.

얼러도 안 듣고 때려고 안 듣는다
软硬不吃
ruǎn yìng bù chī

软硬不吃 >> 연한 것과 딱딱한 것을 모두 먹지 않다.
어떤 수단과 방법도 통하지 않는다.

这个人软硬不吃，让人伤脑筋。
이 사람은 어떤 수단과 방법을 써도 통하지 않아 사람을 애 먹인다.

他这个人软硬不吃，我该怎么办才好！
그 사람은 얼러도 때려도 안 듣는데 내가 어떻게 해야만 좋을까.

- **软** ruǎn 〔형용사〕 부드럽다. 연하다.
- **硬** yìng 〔형용사〕 단단하다. 딱딱하다.
- **伤脑筋** shāngnǎojīn 골치를 앓다. 골머리를 썩이다. 애를 먹다.
- **该** gāi 〔동사〕 (마땅히) …해야 한다. …하는 것이 당연하다.
- **怎么办** zěnmebàn 어쩌나. 어떻게 하나.

말 못할 손해를 입다
吃哑巴亏
chī yǎ ba kuī

我今天吃了哑巴亏, 有苦说不出。

나는 오늘 말 못 할 손해를 봐서 괴로운데도 말을 못 하고 있어.

我的私房钱不见了, 真是吃了哑巴亏。

비상금이 없어졌어. 정말 말 못 할 손해를 봤어.

- **哑巴** yǎba [명사] 벙어리.
- **吃亏** chīkuī [동사] 손해를 보다. 손실을 입다.
- **苦** kǔ [형용사] 고통스럽다. 괴롭다.
- **私房钱** sīfangqián [명사] (가족 구성원이) 몰래 모은 돈. 꼬불쳐 둔 돈. 비상금. 쌈짓돈.

문전박대를 당하다

吃闭门羹

chī bì mén gēng

我去找女朋友, 没想到吃了闭门羹。

내가 여자친구를 찾아갔는데 문전박대를 당할 줄 몰랐어.

虽然他吃了闭门羹, 但他还是不放弃。

그는 문전박대를 당했지만 여전히 포기하지 않는다.

- 闭 bì〔동사〕닫다. 다물다.
- 羹 gēng〔명사〕(야채나 고기 등으로 만든 걸쭉한) 국. 수프.
- 闭门羹 bìméngēng〔명사〕문전박대.
- 虽然…但是 suīrán…dànshì〔접속사〕비록…, 하지만….
- 还是 háishi〔부사〕여전히. 아직도. 변함없이.
- 放弃 fàngqì〔동사〕포기하다.

식은 죽 먹기

小菜一碟

xiǎo cài yì dié

小菜一碟 >> 누워서 떡 먹기.

这件事对我来说是小菜一碟。
이 일은 나에게 있어서 식은 죽 먹기이다.

修电脑这点小事就是小菜一碟。
컴퓨터를 고치는 이런 작은 일은 식은 죽 먹기야.

- 小菜 xiǎocài〔명사〕간단한 요리.〔비유〕(손)쉬운 일. 간단한 일.
- 碟 dié〔명사〕접시.
- 对…来说 duì…láishuō …에게 있어서. …의 입장에서 보면.
- 修 xiū〔동사〕수리하다.

엉망진창

一锅粥

yì guō zhōu

一锅粥 >> 뒤죽박죽. 개판.

我脑子里现在乱成了一锅粥。
내 머릿속은 지금 엉망진창이 되었다.

你怎么把事情弄成了一锅粥。
너는 왜 일을 개판으로 만들었니.

- 锅 guō〔명사〕솥. 냄비. 가마.
- 粥 zhōu〔명사〕죽.
- 脑子 nǎozi〔명사〕머리. 두뇌.
- 乱 luàn〔형용사〕어지럽다. 무질서하다. 혼란하다.
- 成 chéng〔동사〕…이(가) 되다. …(으)로 변하다.
- 弄 nòng〔동사〕하다. 행하다. 만들다.

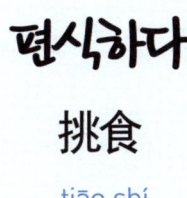

편식하다
挑食
tiāo shí

挑食 >> 음식을 가리다.

这个孩子太挑食了, 真让人头疼。
이 아이는 편식이 심해서 골치 아파.

太挑食对身体不好。
편식을 심하게 하는 건 건강에 좋지 않다.

- **挑** tiāo 〔동사〕 고르다. (부정적인 면을) 끄집어(꼬집어) 내다. 가려 내다.
- **食** shí 〔명사〕 음식.
- **头疼** tóuténg 〔동사〕 머리가 아프다.
  〔비유〕 골치(머리) 아프다. 짜증나다. 성가시다. 번거롭다. 귀찮다. 괴롭다.

꼬장 부리다
耍酒疯
shuǎ jiǔ fēng

耍酒疯 >> 술주정하다.

他一喝醉就耍酒疯。
그는 술만 취하면 꼬장을 부린다.

你再耍酒疯,我就报警。
너 또 술주정하면 경찰에 신고할 거야.

- 耍 shuǎ 〔동사〕(수단을) 부리다. 피우다.
- 疯 fēng 〔형용사〕미치다. 제정신이 아니다.
- 酒疯 jiǔfēng 〔명사〕주사(酒邪). 술주정.
- 醉 zuì 〔동사〕취하다.
- 报警 bàojǐng 〔동사〕경찰에 신고하다.

사람은 많지만 나누어 줄 것은 적다
僧多粥少
sēng duō zhōu shǎo

对于大学毕业生来说，好工作就是僧多粥少。
대학졸업생한테는 좋은 직장은 턱없이 부족해.

在僧多粥少的环境下，很难找到工作。
사람은 많은데 나누어 줄 것이 적은 환경에서는
일자리를 구하기가 매우 힘들다.

- 僧 sēng 〔명사〕 중. 스님. 승려.
- 粥 zhōu 〔명사〕 죽.
- 对于 duìyú 〔개사〕 …에 대해(서). …에 대하여.
- 毕业生 bìyèshēng 〔명사〕 졸업생.
- 环境 huánjìng 〔명사〕 환경.

빵점 받다

吃鸭蛋

chī yā dàn

吃鸭蛋 >> 영점을 맞다.

他上次数学考试吃鸭蛋了。

그는 저번 수학시험에서 영점을 맞았다.

你这次好好努力, 不要再吃鸭蛋了。

너는 요번에 열심히 해서 다시는 빵점을 받지 말도록 해라.

- **鸭蛋** yādàn 〔명사〕오리 알. 〔비유〕0점. 영점. 빵점.
  〔아라비아 숫자 '0'의 모양이 오리 알과 비슷한 것에 빗대어 시험 점수가 0점임을 해학적으로 나타낸 말.〕
- **上次** shàngcì 〔명사〕지난번. 저번.
- **数学** shùxué 〔명사〕수학.
- **好好** hǎohǎo 〔부사〕푹. 마음껏. 실컷. 충분히. 전력을 기울여. 최대한. 잘.

손 하나 까닥 않고 남이 해주기만 기다린다
饭来张口，衣来伸手
fàn lái zhāng kǒu, yī lái shēn shǒu

饭来张口，衣来伸手 >> 밥이 오면 입을 벌리고, 옷이 오면 손을 내밀다. 안일하고 나태한 생활.

他在家里饭来张口，衣来伸手。

걔 집에서 손 하나 까딱 안 하고 남이 해주기만 바래.

他从小就饭来张口，衣来伸手。

그는 어렸을 때부터 손에 물 한 방울 묻히지 않고 살았다.

- 张口 zhāngkǒu〔동사〕입을 열다(벌리다).
- 伸 shēn〔동사〕(신체나 물체의 일부분을) 펴다. 펼치다. 내밀다.
- 从小 cóngxiǎo〔부사〕어린 시절부터. 어릴 때부터.

서두르면 일을 그르친다

心急吃不了热豆腐

xīn jí chī bu liǎo rè dòu fu

心急吃不了热豆腐 >> 마음이 급하면 뜨거운 두부를 먹을 수 없다.

心急吃不了热豆腐，不要着急，慢慢做。

서두르면 일을 그르칠 수 있으니 조급해하지 말고 천천히 해.

心急吃不了热豆腐，急也没用。

서두르면 일을 그르칠 수 있는 거야. 조급해도 소용없어.

- 急 jí〔동사〕초조해하다. 안달하다. 조급하게 굴다. 서두르다.
- 热 rè〔형용사〕덥다. 뜨겁다.
- 豆腐 dòufu〔명사〕두부.
- 着急 zháojí〔동사〕조급해하다. 안달하다. 안타까워하다. 초조해하다.
- 慢慢 mànmàn〔부사〕천천히.
- 没用 méiyòng〔동사〕쓸모가(소용이) 없다.

엎질러진 물
生米煮成熟饭
shēng mǐ zhǔ chéng shú fàn

生米煮成熟饭 >> 어찌할 수가 없다.

生米煮成熟饭, 现在后悔也没用。
이미 엎질러진 물이야. 지금 후회해도 소용없어.

已经登记结婚了, 生米煮成熟饭。
이미 혼인신고를 했으니 어찌할 수가 없어.

- **生米** shēngmǐ 생쌀.
- **煮** zhǔ 〔동사〕 삶다. 끓이다. 익히다.
- **熟** shú 〔형용사〕 (음식이) 익다.
- **后悔** hòuhuǐ 〔동사〕 후회하다. 뉘우치다.
- **没用** méiyòng 〔형용사〕 효과가 없다. 도움이 안 되다. 소용 없다.
- **登记** dēngjì 〔명사, 동사〕 등기(하다). 등록(하다). 〔주로 법률상의 수속 등에 쓰임〕
- **结婚** jiéhūn 〔동사〕 결혼하다.

술은 지기를 만나 마시면 천 잔으로도 모자란다

酒逢知己千杯少

jiǔ féng zhī jǐ qiān bēi shǎo

多喝点儿, 酒逢知己千杯少。

많이 마셔. 술은 지기를 만나면 천 잔으로도 부족하다잖아.

酒逢知己千杯少, 话不投机半句多。

술은 마음이 맞는 사람과 마셔야 한다.
말은 마음이 맞지 않으면 반 마디도 많은 법이다.

- **逢** féng 〔동사〕 만나다. 마주치다.
- **知己** zhījǐ 〔명사〕 지기. 자기의 속마음을 참되게 알아주는 친구.
- **千** qiān 〔수사〕 1,000. 천.
- **杯** bēi 〔명사〕 잔. 컵.
- **投机** tóujī 〔동사〕 배짱이 맞다. 의기투합하다.
- **半句** bànjù 〔명사〕 반구(半句).

코가 삐뚤어지게 마시자

不醉不归

bú zuì bù guī

不醉不归 >> 취하지 않으면 귀가 하지 않는다.

今天我们不醉不归!
우리 오늘 코가 삐뚤어지게 마셔보자.

干杯, 不醉不归!
건배! 안 취하면 집에 못 가!

- 醉 zuì 〔동사〕 취하다.
- 归 guī 〔동사〕 돌아가다. 돌아오다.
- 干杯 gānbēi 〔동사〕 건배하다. 잔을 비우다.

본심은 다른 곳에 있다

醉翁之意不在酒

zuì wēng zhī yì bú zài jiǔ

醉翁之意不在酒 >> 다른 꿍꿍이가 있다. 다른 속셈이 있다.

醉翁之意不在酒，他的心思不在这里。

본심은 다른 곳에 있어. 그의 마음은 여기에 있지 않아.

他总是找借口跟你见面，很明显醉翁之意不在酒。

그는 늘 핑계를 대어 널 만나니 본심이 다른 데 있는 게 분명해.

- **醉** zuì 〔동사〕 취하다.
- **翁** wēng 〔명사〕 늙은이. 노인. 영감.
- **意** yì 〔명사〕 의미. 뜻.
- **心思** xīnsi 〔명사〕 생각. 염두.
- **总是** zǒngshì 〔부사〕 늘. 줄곧. 언제나.
- **借口** jièkǒu 〔명사〕 구실. 핑계.
- **明显** míngxiǎn 〔형용사〕 뚜렷하다. 분명하다. 확연히 드러나다.

날로먹는중국어_관용어편

货价
钱富鬼

富二代	238	物美价廉	225
高富帅	239	便宜没好货	226
白富美	240	好货不便宜	227
拜金女	241	一分钱一分货	228
见钱眼开	242	砍价	229
钱不是万能的	243	讨价还价	230
但没钱是万万不行的	244	上当	231
有钱能使鬼推磨	245	受骗	232
鬼晓得	246	摇钱树	233
鬼点子	247	掏腰包	234
出点子	248	破费	235
人不知, 鬼不觉	249	血汗钱	236
		AA制	237

你要养成每天听汉语的好习惯!

날로먹는중국어_관용어편

물건이 좋고 값도 싸다
物美价廉
wù měi jià lián

这里的东西物美价廉。

여기의 물건은 값도 싸고 물건도 좋다.

他们生产的电器物美价廉。

그들이 생산하는 가전제품은 물건도 좋고 값도 저렴하다.

- 物 wù〔명사〕물건. 물질.
- 价 jià〔명사〕값. 가격.
- 廉 lián〔형용사〕(값이) 싸다. 저렴하다.
- 生产 shēngchǎn〔동사〕생산하다.
- 电器 diànqì〔명사〕가전제품. 가전.

싼 게 비지떡

便宜没好货

pián yi méi hǎo huò

便宜没好货 >> 싼 것은 좋은 물건이 없다.

便宜没好货, 下次一定不买这么便宜的了。
싼 게 비지떡이라고 다음부턴 절대 이렇게 싼 건 사지 않을 거야.

这个电脑刚买就坏了, 真是便宜没好货。
이 컴퓨터 산지 얼마 안 되었는데 고장 났어, 정말 싼 게 비지떡이야.

- 便宜 piányi 〔형용사〕 (값이) 싸다.
- 好货 hǎohuò 〔명사〕 좋은 물건. 좋은 것.
- 一定 yídìng 〔부사〕 반드시. 필히. 꼭.
- 坏 huài 〔동사〕 상하다. 고장나다. 망가지다.

싼게 비지떡
好货不便宜
hǎo huò bù pián yi

好货不便宜 >> 좋은 물건은 싸지 않다.

好货不便宜，这件衣服虽然贵点，但质量和款式都不错。
좋은 물건은 저렴하지 않듯이 이 옷은 좀 비싼 편이지만
질과 디자인이 모두 매우 좋다.

好货不便宜，所以名牌都挺贵的。
좋은 물건은 싸지 않아. 그래서 명품이 비싼 거야.

- **虽然……但是** suīrán……dànshì 〔접속사〕 비록…, 하지만….
- **质量** zhìliàng 〔명사〕 질. 품질.
- **款式** kuǎnshì 〔명사〕 스타일. 타입.
- **名牌** míngpái 〔명사〕 유명 상표. 유명 브랜드.
- **挺** tǐng 〔부사〕 꽤. 매우. 아주.

싼게 비지떡

一分钱一分货
yì fēn qián yì fēn huò

一分钱一分货 >> 한 푼으로는 한 푼 어치의 물건밖에 살 수 없다.

虽然贵点，但值得买，一分钱一分货嘛。
조금 비싸긴 하지만 살 만한 가치가 있어. 제값을 하거든.

一分钱一分货，这件比那件质量好，所以贵了点。
다 제값 하기 마련이야.
이 옷이 저것보다 질이 좋으니까 조금 비싼 거야.

- 货 huò 〔명사〕 물품. 상품.
- 值得 zhídé 〔동사〕 …할 만하다. …할 만한 가치가 있다.
- 质量 zhìliàng 〔명사〕 질. 품질.
- 所以 suǒyǐ 〔접속사〕 그래서.

에누리하다
砍价
kǎn jià

砍价 >> 값을 깎다. 흥정하다.

去市场买衣服要会砍价。

시장 가서 옷을 살 땐 값을 흥정할 줄 알아야 한다.

你真会砍价, 这么低的价还能砍。

당신은 값을 깎는 데 도사군요.
이렇게 저렴한 가격을 더 깎을 수 있다니.

- **砍** kǎn 〔동사〕 삭감하다. 깎다. 줄이다.
- **价** jià 〔명사〕 값. 가격.
- **市场** shìchǎng 〔명사〕 시장.
- **低** dī 〔형용사〕 낮다.

흥정하다
讨价还价
tǎo jià huán jià

这里不可以讨价还价。

이곳에서는 값을 깎을 수 없습니다.

你不要再讨价还价了, 这已经是最低价了。

더 이상 값을 흥정하지 마세요, 이것이 이미 최저가에요.

- **讨价** tǎojià〔동사〕팔 값을 부르다.
- **还价** huánjià〔동사〕값을 깎다. 에누리하다.
- **低价** dījià〔명사〕염가. 저가. 헐값.

속다
上当
shàng dàng

上当 >> 바가지 쓰다.

你怎么这么容易上当呢?

당신은 어떻게 이렇게 쉽게 속아 넘어가나요?

他不会轻易上当的。

그는 쉽게 속지 않을 것이다.

- **上当** shàngdàng 〔동사〕 속다. 꾐에 빠지다. 속임수에 걸리다.
- **轻易** qīngyì 〔형용사〕 쉽다. 간단하다. 수월하다.

속다
受骗
shòu piàn

受骗 >> 속임수에 넘어가다.

我觉得你可能受骗了。

난 네가 속임수에 넘어간 것 같은데.

你和他交往要小心点，别受骗了。

너는 그와 교제할 때 조심해야 해. 속지 마.

- 受 shòu (동사) 당하다. 입다. 받다.
- 骗 piàn (동사) 속이다. 기만하다.
- 可能 kěnéng (부사) 아마도. 아마(…일지도 모른다). 어쩌면.
- 交往 jiāowǎng (동사) 왕래하다. 내왕하다. 교제하다.
- 小心 xiǎoxīn (동사) 조심하다. 주의하다. 신중하게 하다.

돈줄
摇钱树
yáo qián shù

摇钱树 >> 신화에서 흔들면 돈이 떨어진다는 나무.

他把我当成摇钱树了。

그는 나를 돈줄로 생각한다.

我哪有那么多钱？我又不是摇钱树。

내가 그렇게 많은 돈이 어딨니? 내가 너의 돈줄도 아니고.

- 摇 yáo [동사] 흔들다. 흔들어 움직이다.
- 树 shù [명사] 나무. 수목.
- 把……当成 bǎ……dàngchéng …을 …(으)로 여기다. …(으)로 삼다. …(으)로 간주하다.
- 哪有 nǎyǒu 어디에 있어.

돈을 내다
掏腰包
tāo yāo bāo

这次谁掏腰包请客？

이번에 누가 한턱 쏠 거야?

不用你掏腰包，老板掏腰包。

네가 돈 낼 필요없어. 사장님이 돈 쓸 거야.

- 掏 tāo 〔동사〕 꺼내다. 끄집어 내다.
- 腰包 yāobāo 〔명사〕 허리춤에 차는 돈주머니.
- 不用 búyòng 〔동사〕 …할 필요가 없다.
- 老板 lǎobǎn 〔명사〕 사장. 상점의 주인.

돈을 쓰다
破费
pò fèi

今天晚餐很丰盛, 让你破费了。

오늘 저녁식사가 엄청 성대하네요.
당신이 많은 돈을 쓰셨겠어요.

别这么破费。

이렇게 돈 쓰지 마세요.

- 破 pò〔동사〕(돈을) 쓰다.
- 费 fèi〔명사〕비용. 요금.
- 晚餐 wǎncān 저녁 식사.
- 丰盛 fēngshèng〔형용사〕(음식 등이) 풍성하다. 성대하다. 융숭하다.

피땀 흘려 번 돈
血汗钱
xuè hàn qián

我们要珍惜父母的血汗钱。

우리는 부모가 피땀 흘려 번 돈을 소중히 여겨야 한다.

这是血汗钱，不要乱花钱。

이건 피땀 흘려 번 돈이니 함부로 돈을 쓰지 마세요.

- 血汗 xuèhàn〔명사〕피와 땀.
- 珍惜 zhēnxī〔동사〕진귀하게 여겨 아끼다. 귀중(소중)히 여기다.
- 乱 luàn〔부사〕함부로. 마구. 제멋대로.
- 花钱 huāqián〔동사〕(돈을) 쓰다. 들이다. 소비하다.

더치페이

AA制

AA zhì

今天我们AA制吧。

오늘 우리 더치페이해요.

相亲的时候, 应该男人买单还是AA制呢?

맞선 볼 때 남자가 계산해야 할까 더치페이해야 할까?

- **相亲** xiāngqīn 〔동사〕 맞선을 보다.
- **应该** yīnggāi 〔동사〕 …해야 한다. …하는 것이 마땅하다.
- **买单** mǎidān 계산하다. 지불하다.

금수저
富二代
fù' èr dài

富二代 >> 재벌 2세.

听说你男朋友是个富二代, 你好幸福啊!
네 남자친구가 재벌 2세라며? 정말 행복하겠다!

我想和富二代结婚。
나는 금수저와 결혼하고 싶어.

- **富二代** fù'èrdài 〔명사〕 재벌 2세. (80년대 출생자로 풍부한 재산을 물려받은 자녀.)
- **幸福** xìngfú 〔형용사〕 행복하다.
- **结婚** jiéhūn 〔동사〕 결혼하다

킹카
高富帅
gāo fù shuài

高富帅 >> 키 크고 돈 많고 잘 생긴 남자.

我想找一个高富帅的男朋友。

나는 키 크고 돈 많고 잘 생긴 남자친구를 사귀고 싶다.

你给我介绍一个高富帅吧。

나에게 킹카 좀 소개해줘.

- 高 gāo [형용사] (키가) 크다.
- 帅 shuài [형용사] 잘생기다. 멋지다.

피부 하얗고 돈 많고 예쁜 여자

白富美

bái fù měi

我想找一个白富美的女朋友。

나는 피부 하얗고 돈 많고 예쁜 여자친구를 사귀고 싶어.

我的女朋友是白富美。

내 여자친구는 예쁘고 돈 많은 여자야.

- 白 bái〔형용사〕하얗다. 희다.
- 美 měi〔형용사〕아름답다. 예쁘다.

된장녀
拜金女
bài jīn nǚ

拜金女 >> 물질을 중시하는 여성을 일컫는 말.

她是个拜金女, 谁有钱喜欢谁!
그녀는 된장녀라서 돈이 있는 사람이라면 다 좋아해.

因为她的择偶标准是钱多, 所以大家叫她拜金女。
그녀가 배우자를 선택하는 기준이 돈이 많은 것이기 때문에 다들 그녀를 된장녀라고 부른다.

- 拜金 bàijīn〔동사〕돈을 숭배하다.
- 择偶 zé'ǒu〔동사〕배필(짝)을 고르다. 배우자를 택하다.
- 标准 biāozhǔn〔명사〕표준. 기준. 잣대.

돈에 눈이 뒤집히다
见钱眼开
jiàn qián yǎn kāi

见钱眼开 >> 돈을 보고는 눈을 아주 크게 뜨다. 돈에 눈이 멀다.

他是一个见钱眼开的人。
그는 돈만 보면 눈에 불을 켜는 사람이다.

我最讨厌看他见钱眼开的样子。
나는 그의 돈만 보면 눈이 뒤집히는 모습을 제일 싫어한다.

- 钱 qián 〔명사〕 재물. 돈.
- 讨厌 tǎoyàn 〔동사〕 싫어하다. 미워하다. 혐오하다.
- 样子 yàngzi 〔명사〕 (사람의) 모양. 모습. 태도.

돈이 만능은 아니다
钱不是万能的
qián bú shì wàn néng de

不要把钱看得太重要，因为钱不是万能的。

돈을 너무 중요하게 생각하지 마. 돈이 만능은 아니야.

虽然钱不是万能的，但是人人都需要它。

돈이 만능은 아니지만 사람들은 모두 돈을 필요로 한다.

- **万能** wànnéng 〔형용사〕 만능이다. 못 하는 것이 없다. 온갖 일에 능하다.
- **重要** zhòngyào 〔형용사〕 중요하다.
- **需要** xūyào 〔동사〕 필요하다. 요구되다.
- **它** tā 〔대명사〕 그. 저. 그것. 저것. 〔사람 이외의 것을 가리킴.〕

그러나 돈이 없으면 절대로 안 돼
但没钱是万万不行的
dàn méi qián shì wàn wàn bù xíng de

钱不是万能的, 但没钱是万万不行的。
돈이 만능인 건 아니지만 돈이 없으면 절대 안 된다.

虽然钱不是我们最需要的, 但没钱是万万不行的。
돈이 우리에게서 가장 필요한 것은 아니지만
없어서는 절대 안 된다.

- 万万 wànwàn 〔부사〕 결코. 절대로. 〔부정형으로 쓰임.〕
- 不行 bùxíng 〔동사〕 안 된다.
- 虽然……但是 suīrán……dànshì 〔접속사〕 비록…, 하지만….
- 需要 xūyào 〔동사〕 필요하다. 요구되다.

돈만 있으면
귀신도 부릴 수 있다
有钱能使鬼推磨
yǒu qián néng shǐ guǐ tuī mò

有钱能使鬼推磨 >> 돈이 있으면 귀신에게 맷돌질을 시킬 수도 있다.
돈만 있으면 다 된다.

有钱能使鬼推磨, 有钱什么事都可以做。

돈만 있으면 귀신도 부릴 수 있는 것처럼,
돈이 있으면 무슨 일이든 다 할 수 있다.

虽然有钱能使鬼推磨, 但是钱买不到爱情。

돈만 있으면 귀신도 부릴 수 있지만,
돈으로 사랑은 살 수가 없다.

- **使** shǐ 〔동사〕 (…에게) …시키다. …하게 하다.
- **鬼** guǐ 〔명사〕 귀신.
- **推磨** tuīmò 〔동사〕 맷돌질하다.
- **买不到** mǎibúdào 〔동사〕 살 수 없다. 손에 넣을 수 없다.

아무도 몰라

鬼晓得

guǐ xiǎo de

鬼晓得 >> 귀신만이 안다.

鬼晓得我十年之后能不能发大财。

내가 십 년 뒤에 부자가 될지 안 될지는 아무도 모르는 거야.

鬼晓得将来和我结婚的男人在哪里。

미래에 나와 결혼하게 될 남자가 어디 있는지는 아무도 모른다.

- 鬼 guǐ〔명사〕귀신.
- 晓得 xiǎode〔동사〕알다. 이해하다.
- 发财 fācái〔동사〕큰돈을 벌다. 부자가 되다. 큰 재산을 모으다.
- 将来 jiānglái〔명사〕장래. 미래.

나쁜 꾀
鬼点子
guǐ diǎn zi

鬼点子 >> 못된 생각.

他的鬼点子特别多。
그는 나쁜 꾀가 많다.

你的脑子里都是鬼点子。
너의 머리는 다 못된 궁리로 가득 차 있어.

- 鬼 guǐ 〔명사〕 귀신. 속임수. 못된 짓. 음모.
- 点子 diǎnzi 〔명사〕 방법. 생각. 의견. 아이디어.
- 脑子 nǎozi 〔명사〕 머리. 두뇌. 기억력.

방법을 찾다
出点子
chū diǎn zi

这次活动我负责出点子, 你负责出钱。

이번 행사는 내가 아이디어를 낼 테니 네가 돈을 내라.

你快点儿给我出个点子！

빨리 내게 아이디어를 생각해 내 줘!

- 点子 diǎnzi 〔명사〕 방법. 생각. 의견. 아이디어.
- 活动 huódòng 〔명사〕 활동. 행사.
- 负责 fùzé 〔동사〕 책임지다.

쥐도 새도 모르게
人不知, 鬼不觉
rén bù zhī, guǐ bù jué

他人不知鬼不觉地失踪了。

그는 쥐도 새도 모르게 실종되었다.

他人不知鬼不觉地把钱偷走了。

그는 쥐도 새도 모르게 돈을 훔쳐 달아났다.

- 鬼 guǐ [명사] 귀신.
- 不觉 bùjué [동사] 알아차리지 못하다. 의식하지 못하다. 느끼지 못하다.
- 失踪 shīzōng [동사] 실종되다. 종적이 묘연하다. 행방불명되다.
- 偷 tōu [동사] 훔치다. 도둑질하다.

날로먹는중국어_관용어편

天地山
风阳水

压力山大	264	天知地知你知我知	253
到什么山唱什么歌	265	天不怕地不怕	254
有眼不识泰山	266	胆大包天	255
这山望着那山高	267	人生地不熟	256
当耳旁风	268	比登天还难	257
无风不起浪	269	人外有人，天外有天	258
喝西北风	270	天上不会掉馅饼	259
太阳从西边出来了	271	可怜天下父母心	260
泼冷水	272	满天飞	261
打水漂儿	273	车到山前必有路	262
一碗水端平	274	江山易改，本性难移	263

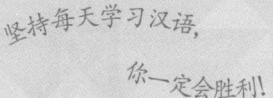

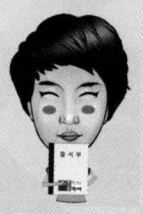

날로먹는중국어_관용어편

우리 둘만 아는 비밀이야

天知地知你知我知

tiān zhī dì zhī nǐ zhī wǒ zhī

你知我知天知地知 >> 너와 나만 알고 있다.

这件事天知地知你知我知, 不要告诉别人。

이 일은 너와 나만이 아는 거야. 다른 사람에게 알려선 안 돼.

这件事天知地知你知我知, 没有别人知道。

이 일은 너와 나만이 알고 있어. 다른 사람은 아는 사람이 없어.

- **知** zhī 〔동사〕 알다. 이해하다.
- **告诉** gàosu 〔동사〕 말하다. 알리다.

무서운 게 없다
天不怕地不怕
tiān bú pà dì bú pà

天不怕地不怕 >> 하늘도 땅도 두렵지 않다. 겁날 것이 없다.

你真是天不怕地不怕, 这么晚竟然自己回家?
너 정말 무서운 게 없구나. 이렇게 어두울 때 혼자 집에 돌아오다니.

他天不怕地不怕, 什么都敢做。
그는 그 어떤 것도 두려워하지 않고 뭐든지 과감하게 한다.

- **怕** pà 〔동사〕 무서워하다. 두려워하다.
- **竟然** jìngrán 〔부사〕 뜻밖에도. 의외로.
- **敢** gǎn 〔동사〕 자신 있게 …하다. 과감하게 …하다.

간덩이가 붓다
胆大包天
dǎn dà bāo tiān

胆大包天 >> 매우 담대하다.

你真是胆大包天，连老板的话都不听。

너 정말 간덩이가 부었구나. 사장님의 말도 안 듣고.

他就是一个胆大包天的人。

그는 평소에 매우 담대한 사람이다.

- **胆大** dǎndà [형용사] 대담하다. 담이 크다. 간이 크다. 겁이 없다.
- **连** lián [개사] …조차도. …마저도. …까지도. ['也(yě)'·'都(dōu)'와 함께 쓰임.]
- **老板** lǎobǎn [명사] 상점의 주인. 지배인

모든 것이 낯설다

人生地不熟

rén shēng dì bù shú

人生地不熟 >> 사람도 땅도 낯설어 상황을 이해하지 못하다.

我在这里人生地不熟，哪儿都不敢去。
나는 이곳에서 모든 것이 낯설어서 아무 데도 갈 엄두가 안 난다.

我第一次来这儿，人生地不熟。
나는 처음으로 여기에 와서 모든 것이 낯설다.

- **熟** shú〔형용사〕익숙하다. 잘 알다.
- **不敢** bùgǎn〔동사〕감히 …하지 못하다.
- **第一次** dìyīcì〔명사〕최초. 맨 처음.

하늘의 별 따기
比登天还难
bǐ dēng tiān hái nán

比登天还难 >> 하늘을 오르는 것보다 어렵다.

不要求我，这件事比登天还难。
나한테 부탁하지 마. 이 일은 하늘의 별 따기야.

进那家公司比登天还难。
그 회사에 들어가서 일하는 것은 하늘의 별 따기이다.

- 登 dēng 〔동사〕 오르다. 올라가다.
- 还 hái 〔부사〕 더. 더욱.
- 求 qiú 〔동사〕 (요)청(간청)하다. 부탁하다.
- 进 jìn 〔동사〕 (밖에서 안으로) 들다.

뛰는 놈 위에 나는 놈 있다
人外有人，天外有天
rén wài yǒu rén, tiān wài yǒu tiān

俗话说人外有人，天外有天，你不要太骄傲了。
옛말에 뛰는 놈 위에 나는 놈 있다고 했어. 너무 자만하지 마.

没想到他的成绩比我还好，真是人外有人，天外有天。
그의 성적이 나보다 더 좋으리라곤 생각지 못했어,
정말 뛰는 놈 위에 나는 놈 있다더니.

- 俗话 súhuà〔명사〕속담. 옛말.
- 骄傲 jiāo'ào〔형용사〕오만하다. 거만하다. 자부심이 강하다.

세상에 공짜는 없다
天上不会掉馅饼
tiān shàng bú huì diào xiàn bǐng

天上不会掉馅饼, 想成功就必须努力。

세상에 공짜란 없는 법이야.
성공하고 싶으면 반드시 노력해야 해.

天上不会掉馅饼, 世上没有容易的事儿。

세상에 공짜는 없어. 세상에 쉬운 일은 없는 거야.

- **掉** diào 〔동사〕 떨어지다. 떨어뜨리다. 떨구다.
- **馅饼** xiànbǐng 파이(pie). 고기나 야채 소를 넣은 중국식 호떡.
- **必须** bìxū 〔부사〕 반드시 …해야 한다. 꼭 …해야 한다. 기필코 …해야 한다.
- **成功** chénggōng 〔동사〕 성공하다. 이루다.

부모가 하는 모든 것은 자식들을 위해서 하는 것이다

可怜天下父母心

kě lián tiān xià fù mǔ xīn

可怜天下父母心 >> 세상의 부모 마음을 동정하다.

可怜天下父母心, 所有的父母都是为孩子好。

부모가 하는 모든 것은 자식들을 위해서 하는 거야.
모든 부모는 다 자식이 잘 되길 바래.

可怜天下父母心, 不是所有的孩子都能理解父母。

부모가 하는 모든 것은 자식들을 위해서 하는 거지만
모든 아이들이 다 부모를 이해할 수 있는 건 아니다.

- **可怜** kělián 〔동사〕 동정하다. 연민하다.
- **父母** fùmǔ 〔명사〕 부모.
- **所有** suǒyǒu 〔형용사〕 모든. 전부의.
- **理解** lǐjiě 〔동사〕 알다. 이해하다.

사방에 퍼지다

满天飞

mǎn tiān fēi

满天飞 >> 도처에 가득하다.

他一觉醒来, 关于自己的流言满天飞。

그가 잠에서 깨어 보니
자신에 관한 유언비어가 사방에 퍼져 있었다.

报纸上明星的绯闻满天飞。

신문에는 연예인의 스캔들로 가득하다.

- **满天** mǎntiān 〔명사〕 온 하늘.
- **醒来** xǐnglái 〔동사〕 잠이 깨다.
- **关于** guānyú 〔개사〕 …에 관해서. …에 관한.
- **流言** liúyán 〔명사〕 유언(비어). 떠도는 말. 근거없는 소문. 터무니없는 소문.
- **报纸** bàozhǐ 〔명사〕 신문.
- **明星** míngxīng 〔명사〕〔비유〕 샛별. 스타(star).
- **绯闻** fēiwén 〔명사〕 (부정한 남녀 관계와 연관된) 스캔들(scandal). 염문(艶聞).

하늘이 무너져도 솟아날 구멍은 있다

车到山前必有路

chē dào shān qián bì yǒu lù

车到山前必有路 >> 궁하면 통한다. 죽으라는 법은 없다.

车到山前必有路, 不要想那么多, 会有办法的。

하늘이 무너져도 솟아날 구멍은 있다잖니.
생각을 너무 많이 하지 마. 방법이 있을 거야.

你别太担心了, 车到山前必有路。

너무 걱정하지 마, 죽으라는 법은 없는 거야.

- **办法** bànfǎ 〔명사〕 방법. 수단. 방식.
- **担心** dānxīn 〔동사〕 염려하다. 걱정하다.

제 버릇 개 못 준다

江山易改, 本性难移

jiāng shān yì gǎi, běn xìng nán yí

江山易改, 本性难移 >> 강산은 바뀌기 쉬워도, 타고난 사람의 본성은 바뀌기 어렵다.

他一定不会改的, 别忘了江山易改, 本性难移。

그는 분명히 고치지 않을 거야. 제 버릇 개 못 준다는 걸 잊지 마.

江山易改, 本性难移, 人的本性是很难改的。

세 살 버릇 여든 가는 거야. 사람의 본성은 바뀌기 힘들어.

- 改 gǎi〔동사〕고치다. 바꾸다. 달라지다.
- 本性 běnxìng〔명사〕본성. 천성.
- 移 yí〔동사〕이동하다. 옮기다. 변경하다. 고치다. 바꾸다.
- 忘 wàng〔동사〕(지난 일을) 잊다. 망각하다.

스트레스가 산처럼 쌓이다

压力山大

yā lì shān dà

压力山大 >> *알렉산더와 발음이 유사하여 유래됨.

这件事让我处理? 真是压力山大啊。
이 일을 나더러 처리하라고? 정말이지 스트레스 쌓이네.

这份工作真让我压力山大。
이 업무는 정말 나를 스트레스 받게 한다.

- 压力 yālì (명사) 스트레스. 압력.
- 亚历山大 Yàlìshāndà 알렉산더.
- 处理 chǔlǐ (동사) 처리하다.

실제 상황에 맞춰 일을 처리하다
到什么山唱什么歌
dào shén me shān chàng shén me gē

到什么山唱什么歌, 遇什么人说什么话。

실제 상황에 맞춰 일을 처리해야 하고,
만나는 사람에 따라 다르게 말해야 한다.

你要尊重他们的风俗, 没听过到什么山唱什么歌吗?

너는 그들의 풍습을 존중해야 돼.
상황에 맞춰 살아야 한다는 말 못 들어봤니?

- 遇 yù〔동사〕만나다. 얻다. 겪다. 당하다.
- 尊重 zūnzhòng〔동사〕존중하다.
- 风俗 fēngsú〔명사〕풍속.

(대단한) 사람을 몰라보다

有眼不识泰山
yǒu yǎn bù shí Tàishān

有眼不识泰山 >> 눈이 있어도 태산을 알아보지 못하다.

我真是有眼不识泰山，竟然没认出来您。
제가 눈이 있어도 사람을 몰라뵈었네요. 당신을 못 알아보다니.

你真是有眼不识泰山，连校长都不认识。
당신은 진짜 사람을 몰라보고 말이야.
교장 선생님조차도 모르다니.

- **识** shí 〔동사〕 알아보다. 변별하다. 식별하다. 분간하다.
- **泰山** Tàishān 〔명사〕 태산. (오악(五岳)의 하나로 산둥(山东)성에 있음.)
- **竟然** jìngrán 〔부사〕 뜻밖에도. 의외로.
- **连** lián 〔개사〕 …조차도. …마저도. …까지도. 〔'也(yě)'·'都(dōu)'와 함께 쓰인다.〕

남의 떡이 더 커 보인다

这山望着那山高

zhè shān wàng zhe nà shān gāo

这山望着那山高 >> 자기가 처한 환경에 불만을 품고 다른 곳이 더 좋다고 여기다.

他总是这山望着那山高, 经常换工作。
그는 늘 다른 곳이 더 좋다고 여겨서 자주 직장을 옮겨 다녀.

这山望着那山高, 这个想法是不对的。
남의 떡이 더 커 보이는 이런 생각은 옳지 않아.

- **换工作** huàngōngzuò 직업을 바꾸다.
- **想法** xiǎngfǎ〔명사〕생각. 의견.
- **对** duì〔형용사〕맞다. 옳다.

귓등으로 듣다
当耳旁风
dāng ěr páng fēng

当耳旁风 >> 타인의 의견을 귀담아듣지 않다. 마이동풍.

谁让你把我的话当耳旁风呢, 现在吃亏了吧。
누가 너더러 내 말을 귓등으로 들으래.
그러니 지금 손해를 봤지.

现在的孩子经常把父母的话当耳旁风。
요즘 아이들은 부모의 말을 귓등으로 듣는다.

- 耳 ěr 〔명사〕 귀.
- 旁 páng 〔명사〕 옆. 가. 곁.
- 吃亏 chīkuī 〔동사〕 손해를 보다. 손실을 입다.

아니 땐 굴뚝에 연기 나랴

无风不起浪

wú fēng bù qǐ làng

无风不起浪 >> 바람이 없으면 파도가 일지 않는다.
일의 발생에는 원인이 있는 법이다.

无风不起浪, 他今天生气肯定是有原因的。

일의 발생에는 항상 원인이 있는 법,
그가 오늘 화낸 건 분명히 원인이 있을 거야.

虽然不能证明是他做的, 但是无风不起浪。

비록 그가 했다는 것을 증명할 수는 없지만
아니 땐 굴뚝에 연기가 나겠어?

- **无** wú 〔동사〕 없다.
- **起浪** qǐlàng 〔동사〕 물결(파도)을 일으키다.
- **肯定** kěndìng 〔부사〕 확실히. 틀림없이.
- **原因** yuányīn 〔명사〕 원인.
- **证明** zhèngmíng 〔동사〕 증명하다.

입에 거미줄 치다

喝西北风

hē xī běi fēng

喝西北风 >> 굶주리다. 먹을 것이 아무것도 없다.

我不工作，就得喝西北风。
내가 일을 안 하면 굶어야 해.

再怎么困难也不会喝西北风的。
아무리 어려워도 입에 거미줄 치지는 않을 거야.

- **西北风** xīběifēng〔명사〕서북풍. 높하늬바람. 북서풍. 겨울바람.
- **困难** kùnnan〔형용사〕곤란하다. 어렵다. 빈곤하다. 곤궁하다.

해가 서쪽에서 떴다
太阳从西边出来了
tài yáng cóng xī bian chū lai le

今天怎么做家务了, 真是太阳从西边出来了。

오늘 어쩜 집안일을 다 하고, 해가 서쪽에서 뜨겠네.

你今天起得这么早? 太阳从西边出来了。

너 오늘 이렇게 일찍 일어났어? 해가 서쪽에서 뜰 일이네.

- **太阳** tàiyáng 〔명사〕 태양. 해.
- **西边** xībian 〔명사〕 서쪽.
- **家务** jiāwù 〔명사〕 가사. 집안일.
- **起** qǐ 〔동사〕 일어나다.

찬물을 끼얹다
泼冷水
pō lěng shuǐ

泼冷水 >> 흥을 깨다.

你不要总是对我泼冷水，我需要你的支持。
내게 항상 찬물을 끼얹지 마. 난 너의 지지가 필요해.

即使别人泼冷水，他也不放弃。
설령 다른 사람이 찬물을 끼얹어도,
그는 포기하지 않는다.

- 泼 pō〔동사〕(물 등의 액체를) 뿌리다. 붓다.
- 需要 xūyào〔동사〕필요하다.
- 支持 zhīchí〔동사〕지지하다.
- 即使 jíshǐ〔접속사〕설령 …하더라도(할지라도 · 일지라도).〔'也(yě) · 还(hái)'와 함께 쓰임.〕
- 放弃 fàngqì〔동사〕포기하다.

물거품이 되다
打水漂儿
dǎ shuǐ piāor

打水漂儿 >> 돈을 쓰고도 어떤 것도 얻지 못해 돈을 헛되이 쓰다. 수포로 돌아가다. 날리다.

做生意失败，他的血汗钱都打水漂儿了。
사업에 실패하여 그의 피 같은 돈을 다 날려버렸다.

他的努力都打水漂儿了。
그의 노력이 모두 물거품이 되었다.

- **打水漂儿** dǎshuǐpiāor 물수제비뜨다. (비유) 날리다. 낭비하다.
- **生意** shēngyi (명사) 장사. 영업. 사업. 비즈니스.
- **失败** shībài (동사) (일이나 사업을) 실패하다.
- **血汗钱** xuèhànqián 피땀 흘려 번 돈.
- **努力** nǔlì (명사) 노력.

공평하다

一碗水端平

yì wǎn shuǐ duān píng

一碗水端平 >> 공정하다. 치우치지 않다.

父母应该对孩子们一碗水端平。
부모는 아이들에게 공평해야 한다.

这件事希望老板能一碗水端平。
이 일을 사장님이 공평하게 처리하시기를 바란다.

- 碗 wǎn 〔양사〕 그릇. 공기. 사발.
- 端平 duānpíng 〔동사〕 (물건을) (똑)바로 들다.
- 父母 fùmǔ 〔명사〕 부모.

날로먹는중국어_관용어편

走路
帽鞋台门

台上三分钟, 台下十年功	288	走弯路	277
有后台	289	走下坡路	278
穿小鞋	290	留后路	279
光脚的不怕穿鞋的	291	小道儿消息	280
穿新鞋, 走老路	292	半途而废	281
舍不得孩子套不住狼	293	走着瞧	282
扣帽子	294	班门弄斧	283
摘帽子	295	门外汉	284
戴高帽子	296	有门儿	285
戴绿帽子	297	走后门	286
		走过场	287

热爱汉语, 努力学习!

날로먹는중국어_관용어편

시행착오가 있다
走弯路
zǒu wān lù

走弯路 >> 어떤 일을 하는 데 있어서 잘못을 저지르거나 실수를 해서 혹은 방법이 틀려서 시간이나 정력을 낭비하다. 길을 돌아가다.

多听听别人的经验，免得走弯路。
시행착오를 겪지 않게 다른 사람의 경험담을 많이 들어.

这么做可以少走弯路。
이렇게 하면 시행착오를 줄일 수 있어.

- 弯 wān 〔형용사〕 굽다. 구불구불하다. 꼬불꼬불하다. 구부러져있다.
- 经验 jīngyàn 〔명사〕 경험. 체험.
- 免得 miǎnde 〔접속사〕 …하지 않도록. …않기 위해서.

내리막길을 걷다

走下坡路

zǒu xià pō lù

走下坡路 >> 날로 못해지다. 상황이 점점 나빠진다.

你的成绩最近走下坡路了。

너의 성적이 요즘 날로 나빠지는구나.

你不努力就会走下坡路的。

네가 열심히 하지 않으면 점점 더 내리막길 칠 거야.

- 成绩 chéngjì [명사] 성적. 성과.
- 下坡路 xiàpōlù [명사] 내리막길. [비유] 내리막길. 하강 추세.
- 努力 nǔlì [동사] 노력하다. 힘쓰다. 열심히 하다.

빠져 나갈 길을 마련해 두다

留后路

liú hòu lù

留后路 >> 퇴로를 남겨 두다. 살길을 마련해 두다.

别这么做, 要给自己留后路。
이렇게 하지 마. 빠져나갈 구멍은 마련해 둬야지.

他根本没给自己留后路。
그는 전혀 자신이 살길을 마련해 두지 않았다.

- **留** liú 〔동사〕 남기다.
- **后路** hòulù 〔명사〕 뒷길. 빠질 구멍. (물러날) 여지. 퇴로.
- **根本** gēnběn 〔부사〕 전혀. 아예. 〔주로 부정형으로 쓰임.〕

주워들은 소식
小道儿消息
xiǎo dàor xiāo xi

你从哪儿听的小道儿消息?
어디서 주워들은 소식이야?

据小道儿消息, 这支股票会涨。
들리는 소문에 의하면 이 주식이 오를 거래.

- 小道(儿) xiǎodào(r) 〔명사〕 작은 길. 오솔길. 〔비유〕 비공식적인 경로(루트).
- 消息 xiāoxi 〔명사〕 소식.
- 据 jù 〔개사〕 …에 따르면. …에 의거(근거)하여.
- 股票 gǔpiào 〔명사〕 주식.
- 涨 zhǎng 〔동사〕 (수위나 물가 등이) 오르다.

중도에 포기하다
半途而废
bàn tú ér fèi

半途而废 >> 일을 중도에 그만 두다.

半途而废的话还不如不干。
중도에 포기할 거라면 안 하는 것만 못해.

他做什么事都是半途而废。
그는 무슨 일을 하든 중도에 포기한다.

- 半途 bàntú〔명사〕〔문어〕도중(途中). 중도(中途)
- 废 fèi〔동사〕폐기(폐지)하다. 그만두다. 포기하다.
- 的话 dehuà〔조사〕…하다면. …이면.
- 不如 bùrú〔동사〕…만 못하다.
- 干 gàn〔동사〕일을 하다.

어디 두고 보자

走着瞧

zǒu zhe qiáo

走着瞧 >> 나중에 두고 보자.

我现在不想和你说话，我们走着瞧。

나는 지금 너와 말하고 싶지 않으니, 나중에 두고 보자.

我们走着瞧，总有一天我会成功的。

어디 두고 보자. 나는 언젠가 꼭 성공할 거야.

- **瞧** qiáo 〔동사〕 보다.
- **总有一天** zǒngyǒuyìtiān 언젠가는.
- **成功** chénggōng 〔동사〕 성공하다. 이루다.

번데기 앞에서 주름 잡다

班门弄斧

bān mén nòng fǔ

班门弄斧 >> 노(魯)나라의 명공(名工) 로반(鲁班)의 집 앞에서 도끼질한다.
공자 앞에서 문자 쓴다. 싸이 앞에서 말춤 추기.

你在篮球运动员面前打篮球，简直就是班门弄斧。

네가 농구 선수 앞에서 농구를 하는 건,
그야말로 싸이 앞에서 말춤 추는 거야.

我不该在你面前班门弄斧。

나는 네 앞에서 주름 잡아선 안 된다.

- 弄 nòng〔동사〕하다. 행하다. 만들다. 만지다. 다루다.
- 斧 fǔ〔명사〕도끼.
- 简直 jiǎnzhí〔부사〕그야말로. 너무나. 전혀. 완전히. 정말로. 참으로.
- 不该 bùgāi〔부사〕…해서는 안 된다.

문외한
门外汉
mén wài hàn

我对这方面就是门外汉。

저는 이 방면에 문외한입니다.

对于我这个门外汉来说, 这些艺术根本看不懂。

저 같은 문외한은 이런 예술 쪽으론 전혀 모릅니다.

- 对于…来说 duìyú…láishuō …에 대해(서) 말할 거 같으면, …으로 말하자면, …한테는.
- 艺术 yìshù [명사] 예술.
- 根本 gēnběn [부사] 전혀. 아예. [주로 부정형으로 쓰임.]
- 懂 dǒng [동사] 알다. 이해하다. 터득하다. 정통하다.

가망이 있다
有门儿

yǒu ménr

有门儿 >> 방법이 있다.

这个事情不要着急, 有门儿!
이 일은 조급해 하지 마. 방법이 있어.

我这次升职有门儿还是没门儿?
나 이번 승진에 가망 있어 아니면 없어?

- **门** mén 〔명사〕(~儿) 방법. 방도.
- **着急** zháojí 〔동사〕 조급해하다. 안달하다. 안타까워하다. 초조해하다.
- **升职** shēngzhí 〔동사〕 승진하다.

뒷거래를 하다

走后门

zǒu hòu mén

走后门 >> 낙하산 타다. 연줄을 대다.

这种走后门的现象现在很普遍。

이런 뒷거래를 하는 현상은 지금 매우 보편적이다.

他是通过走后门找到这个工作的。

그는 연줄을 대어 이 직장을 구했다.

- 现象 xiànxiàng 〔명사〕 현상.
- 普遍 pǔbiàn 〔형용사〕 보편적인. 일반적인. 전면적인. 널리 퍼져 있는.
- 通过 tōngguò 〔개사〕 …을 거쳐. …에 의해. …를 통해.

겉치레를 하다
走过场
zǒu guò chǎng

走过场 >> 형식적으로 하다. *배역이 한쪽에서 나와서 무대에서 머무르지 않고 곧장 다른 쪽으로 사라지는 것에서 형식만 갖춘다는 의미가 되었다.

这次访问只是走过场。
이번 방문은 형식적인 것에 불과하다.

公务员到农村，基本上都是走过场。
공무원이 농촌에 가는 것은 대부분 형식적인 것이다.

- 走过 zǒuguò 거치다. 지나가다.
- 场 chǎng〔명사〕무대.
- 访问 fǎngwèn〔동사〕방문하다.
- 公务员 gōngwùyuán〔명사〕공무원.
- 农村 nóngcūn〔명사〕농촌.
- 基本上 jīběnshang〔부사〕대체로. 거의. 대개. 주로. 대부분은.

무대 위에서 3분은 무대 아래서 10년의 노력이다
台上三分钟, 台下十年功
tái shàng sān fēn zhōng, tái xià shí nián gōng

他的演技很好, 台上三分钟, 台下十年功。
그는 연기를 잘해.
무대 위에서 3분은 무대 아래서 10년의 노력이거든.

要想演讲成功, 必须努力练习, 因为台上三分钟, 台下十年功。
강연에 성공하고 싶다면 반드시 열심히 연습해야만 해.
무대 위에서 3분은 무대 아래서 10년의 노력이야.

- 台 tái〔명사〕무대. 단.
- 演技 yǎnjì〔명사〕연기
- 演讲 yǎnjiǎng〔명사〕강연. 연설. 웅변.
- 必须 bìxū〔부사〕반드시 …해야 한다. 꼭 …해야 한다. 기필코 …해야 한다.
- 练习 liànxí〔동사〕연습하다. 익히다.

백이 있다

有后台

yǒu hòu tái

有后台 >> 연줄이 있다.

这个女明星有后台, 不能轻易得罪。

이 여배우는 백이 있어 쉽게 건들 수가 없어.

他有后台, 已经成为大明星了。

그는 백이 있어 벌써 스타가 되었다.

- **后台** hòutái 〔명사〕〔비유〕 뒤를 봐주는 사람이나 세력. 백(back).
- **明星** míngxīng 〔명사〕〔비유〕 샛별. 스타(star).
- **轻易** qīngyì 〔형용사〕 쉽다. 간단하다. 수월하다. 〔주로 부정형으로 쓰임.〕
- **得罪** dézuì 〔동사〕 미움을 사다. 노여움을 사다. 기분을 상하게 하다. 실례가 되다. 죄를 짓다. 잘못을 하다.
- **成为** chéngwéi 〔동사〕 …이(가) 되다. …(으)로 되다.
- **明星** míngxīng 〔명사〕 인기 있는 배우나 운동선수. 스타

괴롭히다

穿小鞋

chuān xiǎo xié

穿小鞋 >> 못살게 굴다.

工作的时候，他总是给别人穿小鞋。

일을 할 때 그는 항상 다른 사람을 괴롭힌다.

不要得罪他，他会给你穿小鞋。

그 사람 건들지 마. 널 괴롭힐 거야.

- 小鞋 xiǎoxié 〔명사〕작은 신발. 〔비유〕(직권을 이용한) 해코지. 물 먹이는 것. 못살게 구는 것.
- 得罪 dézuì 〔동사〕미움을 사다. 노여움을 사다. 기분을 상하게 하다. 실례가 되다. 죄를 짓다. 잘못을 하다.

아무것도 가진 것이 없는 사람은 두려울 게 없다

光脚的不怕穿鞋的

guāng jiǎo de bú pà chuān xié de

光脚的不怕穿鞋的 >> 맨발인 사람은 구두 신은 사람을 두려워하지 않는다.

光脚的不怕穿鞋的, 谁怕谁!
가진 게 아무것도 없는 사람은 두려울 게 없어.
누가 무서울 줄 알고!

朝鲜不怕美国, 光脚的不怕穿鞋的。
북한은 미국을 두려워하지 않아.
가진 게 없는 사람은 아무것도 두려울 것이 없거든.

- **光脚** guāngjiǎo 〔동사〕 맨발을 하다.
- **怕** pà 〔동사〕 무서워하다. 두려워하다.
- **穿鞋** chuānxié 〔동사〕 신발을 신다.
- **朝鲜** Cháoxiǎn 〔명사〕 조선(대한민국 성립 이전 고려 이후의 우리나라 왕조 이름), 북한. 조선 민주주의 인민 공화국.

형식이나 현상은 변하였으나, 내용이나 실질은 변하지 않다

穿新鞋, 走老路
chuān xīn xié, zǒu lǎo lù

穿新鞋, 走老路 >> 새 신발을 신고 옛 길을 가다.

搞政治不能总是穿新鞋, 走老路。
정치를 할 때 형식만 바꾸고 실질은 변하지 않으면 안 된다.

这个公司的产品虽然换了包装, 但是还是穿新鞋, 走老路。
이 회사의 제품은 포장을 바꾸기는 했지만 여전히 그 내용물은 변하지 않았다.

- 搞 gǎo 〔동사〕하다. 처리하다. 취급하다. 다루다. 종사하다.
- 政治 zhèngzhì 〔명사〕정치.
- 产品 chǎnpǐn 〔명사〕생산품. 제품.
- 虽然 suīrán 〔접속사〕비록 …하지만(일지라도). 〔뒷구절에는 일반적으로 '但是(dànshì)'·'可是(kěshì)'·'却(què)'·'但(dàn)'·'可(kě)' 등이 호응하여 쓰임.〕
- 换 huàn 〔동사〕바꾸다. 변환하다. 교체하다.
- 包装 bāozhuāng 〔명사〕포장.

신발이 닳는 것을 아까워한다면 늑대를 잡을 수 없다

舍不得孩子套不住狼

shě bu de hái zi tào bu zhù láng

舍不得孩子套不住狼 >> 어떠한 목적을 달성하려 한다면 반드시 상응하는 대가를 지불해야 한다. *원문 舍不得鞋子套不着狼; 鞋子의 방언 발음(háizi)에서 유래하여 孩子가 되었다.

舍不得孩子套不住狼, 这次我一定会成功。

목적을 달성하려면 대가를 지불해야지.
이번에 나는 반드시 성공할 거야.

追女孩子一定要舍得花钱, 舍不得孩子套不住狼。

여자를 쫓으려면 돈을 아끼지 말아야 돼.
공을 들이지 않고 어떻게 성공할 수 있겠어.

- **舍不得** shěbude〔동사〕…하기 아까워하다.
- **套** tào〔동사〕(올가미 따위로) 씌우다. 홀치다. 메우다.
- **狼** láng〔명사〕이리. 늑대.
- **追** zhuī〔동사〕(이성을) 따라다니다. 구애(求愛)하다. 사랑을 호소하다.
- **舍得** shěde〔동사〕아까워하지 않다. 인색하지 않다.
- **花钱** huāqián〔동사〕(돈을) 쓰다. 들이다. 소비하다.

죄를 덮어씌우다
扣帽子
kòu mào zi

扣帽子 >> 억지로 오명을 덮어씌우다.

不要给别人扣帽子。
다른 사람에게 죄를 덮어씌우지 마세요.

离他远点儿, 他喜欢给别人扣帽子。
그를 좀 멀리해. 그는 다른 사람에게 죄를 덮어씌우길 좋아해.

- 扣 kòu〔동사〕〔비유〕(죄명이나 좋지 않은 명칭을) 씌우다. 붙이다.
- 帽子 màozi〔명사〕모자.〔비유〕레테르. 꼬리표. 딱지. 낙인.
  (주로 억지로 덮어씌운 것을 가리킴.)
- 离 lí〔동사〕(멀리) 떨어지다.

오명을 벗다

摘帽子

zhāi mào zi

摘帽子 >> 죄명을 벗다.

她改变自己，摘掉了拜金女的帽子。
그녀는 자신을 고쳐서 된장녀라는 오명을 벗어버렸다.

我什么时候才能摘掉抠门儿的帽子？
나는 언제 인색하다는 오명을 벗을 수 있을까?

- 改变 gǎibiàn〔동사〕변하다. 바뀌다. 달라지다. 고치다.
- 摘 zhāi〔동사〕떼다. 벗다. 벗기다.
- 掉 diào〔동사〕…해 버리다.
- 拜金女 bàijīnnǚ 물질을 중시하는 여성을 일컫는 말. 된장녀.
- 抠门儿 kōuménr〔형용사〕인색하다.

비행기를 태우다
戴高帽子
dài gāo mào zi

戴高帽子 >> 칭찬의 말로 아첨하고 비위를 맞추다.

不要给我戴高帽子, 不敢当。

비행기 태우지 마세요. 송구스럽습니다.

不要给我戴高帽子, 起鸡皮疙瘩。

비행기 태우지 마. 닭살 돋아.

- 戴 dài〔동사〕(머리·얼굴·가슴·팔·손 등에) 착용하다. 쓰다. 차다. 달다. 끼다. 두르다.
- 高帽子 gāomàozi〔명사〕고깔모자. 〔비유〕아첨하는 말. 알랑거리는 말. 치켜세우는 말.
- 不敢当 bùgǎndāng〔겸어〕(상대방의 칭찬이나 초대에 대해) 감당하기 어렵습니다. 황송합니다. 천만의 말씀입니다. 송구스럽습니다.
- 起 qǐ〔동사〕돋다. 나다. 생기다.
- 鸡皮疙瘩 jīpígēda〔명사〕소름. 닭살.

아내가 바람피우다
戴绿帽子
dài lǜ mào zi

他老婆出轨了, 他戴绿帽子了。

그의 아내가 바람이 났어.

谁喜欢戴绿帽子, 我要离婚!

누가 마누라가 바람 피우는 걸 좋아하겠어. 나 이혼할 거야.

- 老婆 lǎopo 〔명사〕 아내. 집사람. 마누라.
- 出轨 chūguǐ 바람피다.
- 离婚 líhūn 〔동사〕 이혼하다.

날로먹는중국어_관용어편

数字

半斤八两	301
女大十八变	302
此地无银三百两	303
八字还没一撇	304
不管三七二十一	305
不怕一万，就怕万一	306
不怕慢，就怕站	307
一针见血	308
八竿子打不着	309
十有八九	310
小九九(儿)	311
十万八千里	312
丢三落四	313
二把刀	314
二百五	315

反复练习,

总有一天你会说得很流利!

날로먹는중국어_관용어편

도토리 키재기

半斤八两

bàn jīn bā liǎng

半斤八两 >> 겨 묻은 개가 똥 묻은 개를 나무란다. 피차일반이다.
* 옛 도량형제에서 한 근은 16냥이었으므로, 반 근은 곧 8냥이 되어 반 근과 여덟 냥은 같다.

咱俩半斤八两, 谁也别说谁。

우리 둘은 도토리 키재기라서 누가 누굴 말할 것도 없어.

她们俩半斤八两, 都是拜金女。

그녀들은 둘 다 도진개진이야. 다 된장녀라고.

- 半斤 bànjīn 반 근.
- 八两 bāliǎng 여덟 냥.
- 咱俩 zánliǎ 우리 둘, 우리 두 사람.
- 拜金女 bàijīnnǚ 물질을 중시하는 여성을 일컫는 말. 된장녀.

여자는 자라면서 모습이 여러 번 바뀐다
女大十八变

nǚ dà shí bā biàn

女大十八变, 我都不认识你了。

여자는 자라면서 모습이 여러 번 바뀐다고
나는 너인지 못 알아봤어.

女大十八变, 她比以前漂亮多了。

여자는 자라면서 모습이 여러 번 바뀐다더니
그녀는 이전보다 많이 예뻐졌다.

- **变** biàn 〔동사〕 (성질·상태가) 변하다. 바뀌다. 변화하다. 이전과 다르다.
- **认识** rènshi 〔동사〕 알다. 인식하다.

눈 가리고 아웅 하다

此地无银三百两

cǐ dì wú yín sān bǎi liǎng

此地无银三百两 >> 이 곳에 은 300냥이 없다.

你这个反应就是此地无银三百两。
너의 이 반응은 바로 눈 가리고 아웅 하는 격이다.

他越不承认越像是此地无银三百两。
그가 인정을 안 할수록 눈 가리고 아웅 하는 것과 같다.

- 此 cǐ (대명사) 이. 이것.
- 无 wú (동사) 없다.
- 银 yín (명사) 은.
- 反应 fǎnyìng (명사) 반응.
- 承认 chéngrèn (동사) 승인하다. 인정하다.
- 越…越… yuè…yuè… …할수록 …하다.
- 像 xiàng (동사) …와(과) 같다.

아직, 어찌 될지 몰라
八字还没一撇
bā zì hái méi yì piě

八字还没一撇 >> 일이 아직 윤곽조차도 없는 상황이다.

我和她的婚事八字还没一撇呢。

나와 그녀의 혼사는 아직 어찌 될지 모른다.

他升职的事八字还没一撇呢。

그가 승진하는 일은 아직 어찌 될지 모른다.

- 撇 piě 〔명사〕 삐침. 'ノ' (왼쪽으로 비스듬히 내려가는 한자 필획의 하나)
- 婚事 hūnshì 〔명사〕 혼사.
- 升职 shēngzhí 〔동사〕 승진하다.

다짜고짜
不管三七二十一
bù guǎn sān qī èr shí yī

不管三七二十一 >> 무턱대고. 앞뒤 가리지 않고. 시비곡직을 가리지 않고.

他不管三七二十一就拒绝了他们。

그는 다짜고짜 그들을 거절했다.

不管三七二十一，先吃饱了再说。

일단 먹고 보는 거야.

- **不管** bùguǎn〔접속사〕…을 막론하고. …에 관계없이.
- **拒绝** jùjué〔동사〕(부탁·의견·선물 등을) 거절하다. 거부하다.
- **饱** bǎo〔형용사〕배부르다.

만에 하나

不怕一万, 就怕万一

bú pà yí wàn, jiù pà wàn yī

不怕一万, 就怕万一 >> 일만 번은 두렵지 않지만, 그 가운데 한 번의 실수가 있을까 봐 두렵다. 무슨 일을 하든 간에 반드시 신중하게 대처해야 한다.

不怕一万, 就怕万一, 还是提前准备好。

만일의 경우가 있으니 미리 준비해두는 편이 좋아.

还是带把伞出门吧, 不怕一万, 就怕万一。

우산을 가지고 외출하렴. 만일의 경우가 있잖니.

- 怕 pà〔동사〕무서워하다. 두려워하다. 심하다. 염려하다. 걱정하다.
- 一万 yíwàn 일만(10000).
- 万一 wànyī〔명사〕만일. 뜻밖의 일. 만일의 경우.
- 提前 tíqián〔동사〕앞당기다.
- 带 dài〔동사〕(몸에) 지니다. 휴대하다. 가지다.
- 把 bǎ〔양사〕자루. (우산처럼 손잡이·자루가 있는 기구를 셀 때 쓰임.)
- 出门 chūmén〔동사〕(~儿) 외출하다. 집을 나서다.

느린 것은 괜찮으나, 멈추는 것이 두렵다

不怕慢, 就怕站

bú pà màn, jiù pà zhàn

不怕慢, 就怕站, 慢慢来。

느린 것은 괜찮으나 멈추는 것이 두려운 거야. 천천히 해.

不怕慢, 就怕站, 做事最重要的是行动。

느린 것은 괜찮으나 멈추는 것은 두렵듯
일을 할 때 가장 중요한 것은 행동으로 옮기는 것이다.

- **慢** màn [형용사] 느리다.
- **站** zhàn [동사] 멈추다. 정지하다. 서다.
- **行动** xíngdòng [명사] 행위. 거동. 동작. 행동.

정곡을 찌르다
一针见血
yì zhēn jiàn xiě

一针见血 >> 한 마디로 정곡을 찌르다.

他的话真是一针见血啊!
그의 말은 정말 정곡을 찌른다.

你说得一针见血, 太有道理了。
정곡을 찌르는 말이야. 일리 있어.

- 一针 yìzhēn 한 땀. 한 코. 한 뜸(stitch).
- 血 xiě 〔명사〕 피.
- 道理 dàoli 〔명사〕 도리. 이치. 일리.

서로 아무런 관계가 없다
八竿子打不着
bā gān zi dǎ bu zháo

咱们俩八竿子打不着, 为什么来找我?
우리는 서로 아무런 관계도 아닌데 왜 날 찾아왔어?

咱们俩离婚了, 现在八竿子打不着。
우리 둘은 이혼했으니 이제 아무런 관계가 없다.

- 竿子 gānzi 〔명사〕 대나무 장대.
- 打不着 dǎbuzháo 맞힐 수가 없다. 때릴 수 없다.
- 离婚 líhūn 〔동사〕 이혼하다.

십중팔구
十有八九
shí yǒu bā jiǔ

十有八九 >> 열에 아홉. 거의.

这次十有八九会成功的。

이번에는 십중팔구 성공할 거야.

他说的十有八九是假的。

그가 한 말은 십중팔구 거짓이야.

- 假 jiǎ 〔형용사〕 거짓(의). 가짜(의).

속셈
小九九(儿)
xiǎo jiǔ jiǔ (r)

小九九(儿) >> 구구단. 타산. 계산.

你那点小九九我还不知道?
너의 그 속셈을 내가 모를 줄 알고?

你的小九九太明显了。
너의 속셈이 너무 빤하게 보여.

- **明显** míngxiǎn 〔형용사〕 뚜렷하다. 분명하다. 확연히 드러나다.

차이가 아주 크다
十万八千里
shí wàn bā qiān lǐ

十万八千里 >> 거리가 아주 멀다.

你和他的水平相差十万八千里呢。

당신과 그의 수준은 차이가 아주 크다.

你去的地方离这儿有十万八千里的距离呢。

당신이 가는 곳은 여기에서 멀고도 아주 먼 거리에요.

- **里** lǐ〔양사〕리.〔길이의 단위로, 1리(里)는 500미터임.〕
- **相差** xiāngchà〔동사〕서로 차이가 나다. 서로 다르다.
- **距离** jùlí〔명사〕거리. 간격.

이것저것 빠뜨리다
丢三落四
diū sān là sì

丢三落四 >> 건망증이 심하여 이 일 저 일 잘 잊어버리다.

你怎么总是丢三落四?
너는 왜 항상 이것저것 잘 잃어버리니?

老年人记忆力衰退, 常常丢三落四, 年轻人应该体谅。
노인들은 기억력이 쇠퇴해서 자주 깜빡하니
젊은 사람이 이해해야 한다.

- **丢** diū (동사) 잃다. 잃어버리다.
- **落** là (동사) 빠뜨리다. 가져오는(가져가는) 것을 잊어버리다.
- **老年人** lǎoniánrén (명사) 노인.
- **记忆力** jìyìlì (명사) 기억력.
- **衰退** shuāituì (동사) 쇠약해지다. 쇠퇴하다. 감퇴하다.
- **年轻人** niánqīngrén (명사) 젊은 사람. 젊은이.
- **体谅** tǐliàng (동사) (남의 입장에서) 알아주다. 이해하다. 양해하다.

엉터리

二把刀

èr bǎ dāo

二把刀 >> 미숙한 사람. 얼치기. 풋내기.

他就是个二把刀, 做什么都不行。

그 사람은 엉터리야. 아무것도 못해.

我可不敢坐你这个二把刀开的车。

나는 정말이지 너 같은 엉터리가 운전하는 차를 못 타겠어.

- **不敢** bùgǎn 〔동사〕 감히 …하지 못하다.
- **可** kě 〔부사〕 평서문에 쓰여 강조를 나타냄.

멍텅구리

二百五

èr bǎi wǔ

二百五 >> 천치. 바보. 멍청이.

他可不是二百五, 只是有时候装糊涂。

그 사람은 멍청한 게 아니야.
단지 어떤 때는 멍청한 체하는 것뿐이야.

你见过这么二百五的人吗?

너는 이런 멍청이 같은 사람을 본 적이 있니?

- **装糊涂** zhuānghútu (동사) 모르는 척하다. 멍청한 체하다.

记录 memo

记录 memo

김미숙

現) 롱차이나 중국어 대표, 시대에듀 HSK, 중국어 관광통역안내사 강사.
前) 중국 산동대학 위해 캠퍼스 객원 교수, 우송대 겸임교수, 부천대 출강.

「50일 만에 끝내는 중국어 관광통역안내사 2차 면접」「40일 완성 날로 먹는 중국어」
「착 붙는 新HSK 실전 모의고사 2급, 3급」「하오빵 新HSK 실전 모의고사 2급」
「롱롱 新HSK 1급 실전 모의고사」「날로 먹는 중국어 어휘편 상/하」「중국어는 섹시해」
「날로 먹는 중국어 관용어편」「날로 먹는 중국어 여행중국어」「확 꽂히는 중국어 1600구」
「성어 때문에 울지 마라」「작업의 정석 HSK」

날로 먹는 중국어 관용어편

2017년 10월 10일 초판 1쇄 발행
2021년 02월 01일 2판 1쇄 발행

지은이   김미숙
펴낸이   김홍국
펴낸곳   도서출판 | 문

편집   손정자
디자인 손정자

등록   제2013-000026호
주소   경기도 파주시 회동길 337-15 2층
전화   031-955-9797, 02-922-2246(영업부)
팩스   02-922-6990

ISBN   979-11-86167-26-7 13720
ⓒ 김미숙, 2017

정가   14,000원

• 이 책의 판권은 지은이에게 있습니다.
• 지은이의 서면 동의가 없는 무단 전재 및 복제를 금합니다.
• 잘못된 책은 바꾸어 드립니다.